**옆집보다 잘 사는
부동산 투자 비밀**

경제 흐름을 앞서가는
투자 지침서

# 옆집보다 잘 사는
# 부동산 투자 비밀

| 스탠리, 리치원, 오집사 공저 |

"부동산, 잘 사야(Buy) 잘 산다(Live)."

★★★
왜 경제를 알아야
부동산 투자에
성공할까?

★★★
변화를 앞서가는
프로의 투자법은
무엇일까?

바른북스

부동산 시장이 큰 변곡점을 지나면서 집값의 향방에 다양한 의견들이 대립되고 있습니다. 2023년 상반기부터 일부 지역에는 다시 큰 변화가 일어나고 있지만 가을에 접어들면서 새로운 양상이 나타나고 있습니다. 앞으로 V자형 반등이 될지 아니면 L자형 침체로 이어질지 불투명합니다. 적어도 겨울은 되어야 제대로 방향을 예측할 수 있을 것 같습니다.

그러나, 그 전에 앞서 지난 2020년부터(또는 2019년부터) 거시적인 경제환경의 변화가 부동산 시장에 어떤 영향을 끼쳤는지 알아야 합니다. 초보는 당장의 집값에만 관심을 갖지만 프로는 부동산 시장에 영향을 주는 경제 전반에 대한 깊은 이해와 안목을 갖고 있습니다. 초보는 남들을 따라다니면서 뒷북을 치지만 프로는 변화의 흐름과 차이를 살펴보는 것부터 시작합니다.

이 책에서는 지난 몇 년 동안 어떤 변화가 집값에 영향을 주었는지 체계적으로 정리했습니다. 그리고 버블경제와 우리나라 집값 형성에 대한 깊은 이해를 돕도록 했으며 각종 경제지표와 집값 관련 지표를 바로 보도록 했습니다. 또한 프로는 어떤 관점에서 접근하는지 몇 가지 예시를 들었으며 시장 환경을 어떻게 판단하는지도 설명했습니다.

부동산 투자를 위해서는 많은 공부와 자료가 필요하지만 그렇다고 해서 모든 것을 알아야 하는 것도 아닙니다. 큰 맥락을 제대로 알고 올바르게 이해하면 충분합니다. 그래서 정보나 데이터를 체계적으로 해석하고 방향 설정을 합리적으로 하는 것이 중요합니다. 같은 데이터를 다르게 해석하거나 오해를 하여 실패하는 것을 종종 목격합니다. 손실을 보는 투자도 투기라고 생각합니다.

끝으로 이 책의 출판을 위해 원고 작업을 같이 하며 지난 여름을 함께한 동료와 그 가족에게 깊은 감사의 마음을 전합니다.

2023년 10월
스탠리, 리치원, 오집사

## 3장
# 부채로 쌓아 올린 부동산 거품

## 4장
# 폭등장에 갇혔던 투자 심리

5장
# 흐름을 읽고 안목을 넓히자

6장
# 프로 투자자가 되는 길

7장
# 나만의 기술 : 손품과 발품

# 8장

## 남보다 싸게 사는 프로 기술

# 1

## 시작하며

잘 살고 있다고 생각했습니다.

"여보세요. 지우 엄마? 나 청약 당첨됐어!!!!!"

그 전화를 받기 전까지는.

민정 씨 부부는 청약 당첨을 기다리는 맞벌이 신혼부부입니다. 하지만 번번이 청약에서 탈락하기만 합니다. 오히려 당첨된 건 옆집 윤정 씨였습니다. 민정 씨는 같은 신혼부부이면서 아이 나이도 비슷한 윤정 씨와 가깝게 지냈습니다. 그 과정에서 청약 정보도 알려주고 함께 청약에 도전했습니다. 맞벌이인 민정 씨와 달리 외벌이인 윤정 씨는 소득이 적어 청약에서 유리했습니다. 민정 씨는 '다음 차례는 내가 되겠지?' 스스로 위로했습니다.

그러던 2021년, 전세로 살고 있는 아파트값이 쑥 올라갔습니다. 직장생활과 육아에만 전념했던 민정 씨는 그제서야 "서울 집값은 오늘이 가장 싸다."라는 한 유튜버의 말을 듣고 그해 8월 영끌로 내 집을 마련했습니다. 하지만 빨리 올라가고 싶어 급하게 탄 엘리베이터가 알고 보니 내려가는 엘리베이터였던 것처럼 민정 씨가 집을 사자마자 집값이 떨어지기 시작했습니다. 민정 씨는 덜컥 집을 산 자신을 탓했지만 엘리베이터 문은 이미 닫힌 후였습니다.

# 1-1
# 부동산 투자자에게

한국의 가계 자산 중에 부동산이 차지하는 비율이 무려 70%에 달한다는 것은 각종 통계에서 쉽게 확인됩니다. 이는 부동산이 자산을 증식하고 안정적으로 보존하는 수단으로 인식되고 있음을 나타내고 있습니다.

부동산 투자가 부의 축적을 위한 가장 큰 경제 활동임에도 정작 체계적인 준비 없이 투자에 나서는 경우가 많습니다. 지난 2022년 가을부터 불어 닥친 부동산 한파 속에서 가격 하락과 높은 대출 금리로 인해 많은 분들이 고통을 겪는 것은 경제 전반에 걸친 체계적인 이해가 부족하고 합리적인 의사 결정을 못 하고 있다는 것을 말합니다.

또한 최근 크게 물의를 빚은 '전세사기' 문제도 현 전세제도의 취약한 구조와 잘못된 거래 관행이 큰 원인이지만 일정 부분은 좀 더 꼼꼼한 시장 조사 없이 남의 말만 덜컥 믿은 것도 무시 못 할 원인이었습니다.

다음은 고등학교 선택과목인 경제 교과서의 주요 내용입니다.

- 가계, 기업, 정부의 경제적 역할
- 잉여와 시장 효율성, 가격 탄력성
- 무역과 환율, 국제수지
- 자산과 부채, 신용관리
- 시장경제의 기본 원리
- 인플레이션, 경기변동과 경제안정화
- 금융, 이자와 이자율
- 다양한 금융상품, 재무 설계

주로 '경제 기초 이론'으로 구성되어 있음에도 이마저 수능 과목으로 선택되는 비율은 고작 1.3% 수준에 머무릅니다(최근 3개년 기준). 이는 경제에 대한 최소한의 이해도 부족한 상태로 사회생활에 노출되고 있음을 보여주고 있습니다.

좁게는 부동산에서 시작하여 넓게는 경제 전반에 걸친 이해가 없는 상태로 20대 중반부터 독립하는 젊은이에게 '전세사기'의 희생자가 되지 않기를 바라는 것은 오히려 요행수가 아닌가 생각됩니다. 국민이면 누구나 사회인이 되면서 임대인이거나 임차인이 될 수 있으며 나아가 유주택자나 무주택자가 되기 마련입니다. 게다가 은행 통장과 신용카드 한 장씩이라도 갖게 됩니다.

누구나 어떤 방식으로든 '부동산 거래' 경험을 하게 됩니다. 그런데 복잡한 경제이론까지는 아니더라도 실물경제에 대한 최소한의 이해도 없이 부지런히 '임장'을 다니며 '경매', '재개발, 재건축'에 뛰어듭니다. 열심히 노력한 결과 남보다 싸게 샀다는 성취감에 보람을 느끼지만 실물경제의 어두운 그림자가 드리우면 오히려 발목에 족쇄를 차게 되는 상황에 이릅니다.

다음 그림은 지난 20여 동안의 아파트 매매 평균가격의 변화를 나타내

는 그래프입니다.[01]

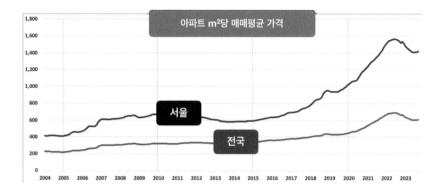

2015년, 집값이 슬슬 시동을 걸기 시작하던 무렵부터 투자에 나선 사람들은 언제 사고 언제 팔아도 큰 손해를 보지는 않았을 겁니다. 끝없이 올라가도 또 오를 것 같은 집값은 내가 사자 내리막길입니다. 불안한 마음에 더 늦기 전에 '영끌'로 사들였으나 '상투'를 잡은 꼴입니다.

다음 몇 편의 기사 제목만 봐도 깨닫는 바가 많을 것입니다.

16억 '영끌 대출' … "1년 새 10억 올랐다" 〈2019.3.28. 머니투데이〉
"서울집 거품 아냐 … 강남3구 '영끌'해서 사라" 〈2020.1.13. 이데일리〉
영끌쪽 급증에 … 작년 내집 마련 100만명 넘어 〈2022.11.16. 조선일보〉
이자폭탄 '영끌족 아파트' 경매 쏟아지나 〈2022.12.14. 머니투데이〉
지표 호전되자 돌아온 '3040 영끌족' … 이자 폭탄 '불안불안' 〈2023.7.21. 매일경제〉

---

01    출처 : KB부동산 데이터 허브

소위 투자와 투기를 구별할 때 '묻지마 매수'를 기준으로 합니다. 알고 사면 투자고 모르고 사면 투기가 된다는 뜻입니다. 그러나 필자의 기준은 다릅니다. **'이익이 남으면 투자'**이고 **'손해를 보면 투기'**라고 구분하고 싶습니다. 즉 열심히 분석해서 투자를 했더라도 손해를 보게 된다면 제대로 분석하지 않은, 무모한 투기라고 생각됩니다. 주식처럼 변동성이 심한 자산이 아니기에 더욱 그렇습니다.

앞의 아파트 매매 평균가의 변화추이에서 보듯이 어느 시점에서 투자를 시작했느냐에 따라 부동산 시장에 대한 경험의 차이가 있습니다. 최근의 상승장에서 시작했는지, 아니면 2000년대 초반부터 시작했는지 또는 더 앞서서 1997년 IMF 외환위기 이전부터 시작했는지에 따라 경험으로 얻은 부동산 시장에 대한 시야와 깊이는 다를 수밖에 없지만 과거의 부동산 사이클에 대한 최소한의 이해는 갖고 있어야 합니다. 각각의 사이클 변화는 어떻게 일어났고 그 결과는 어떻게 되었는지를 경제학자 수준은 아니더라도 대략적인 이해를 통해 통찰력을 지니고 있다면 조금 더 안정적인 투자를 유지할 수 있습니다.

그런 측면에서 이 책은 부동산 시장을 포함하여 부동산 시장에 영향을 주는 다양한 경제 요인에 대한 이해를 돕기 위해 많은 내용을 담으려고 했습니다. 그렇다고 경제 전문가만이 들여다볼 수 있는 것이 아닌, 일반인의 수준에서 조금만 노력하면 이해할 수 있는 내용을 체계적으로 정리했습니다.

# 1-2
# 투자자의 슬기로운
# 경제 공부

부동산 공부를 시작할 때, 일반적으로는 각종 부동산 기초지식부터 시작해서 경공매, 재개발과 재건축, 청약, 토지 등을 공부하고 도시계획이나 도시재생을 거쳐 건물 신축이나 개발 등에 대한 것도 접하게 됩니다. 또한 부동산 관련 사업(예를 들어 공간 활용 사업이나 공유 경제 산업 등)과 같이 일일이 나열하면 끝도 없는 다양한 형태의 부동산 사업을 접할 수 있습니다.

그러나 그 어떤 투자나 사업이라도 경제 전반에 대한 이해가 부족하다면 어쩌다 한두 번은 성공할 수 있지만 대부분은 불안한 투자로 이어질

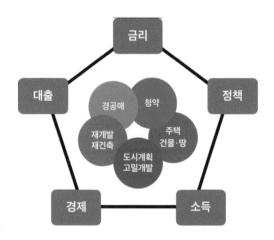

옆집보다 잘 사는 부동산 투자비밀

수밖에 없습니다. 그렇다고 경제학 교수나 전문 애널리스트처럼 높은 수준의 식견을 가질 필요는 없습니다. 가끔씩 경제 관련 뉴스를 접할 때 경제 상황의 전반적인 이해가 가능할 정도의 지식과 이해가 있으면 됩니다.

경제 관련 기사를 볼 때 도움이 될 만한 내용을 정리하면 다음과 같습니다.

| 분야 | 내용 |
|---|---|
| 금리 | • 기준금리와 시장금리의 형성과정<br>• 미국 금리의 결정구조와 한국 금리와의 관계 |
| 부채(대출) | • 신용창조와 현금유동성의 관계<br>• 정부의 부채관리 기조 |
| 정부 대책 | • 정부의 부동산 관련 세금 정책<br>• 정부의 통화운영 정책 |
| 경제 일반과 가계 소득 | • 경제성장과 부동산 경기, 인구구조의 변화<br>• 가계 가처분소득 |

위의 표는 각 분야별로 대표적인 항목들을 정리한 것입니다. 각각이 독립적인 것이 아니라 상호 유기적으로 영향을 주고 있습니다. 전체 내용을 한꺼번에 알 필요는 없지만 예를 들어 '기준금리와 시장금리의 형성과정'을 알고 '미국 금리와 한국 금리의 연관관계'로 이어지는 순서로 이해하는 것이 좋습니다.

다음과 같이 역사적인 경제 사건이나 경기 사이클에 대한 이해도 필요합니다.

- 금본위제 폐지와 브레튼 우즈 협정
- 1970년대 유가파동과 세계 경제
- 플라자 합의의 배경과 일본의 장기침체
- 기축통화의 의미와 달러의 위상, 그리고 미국의 음모론
- 2000년대 이후 중국의 개방정책과 한중 무역구조
- 한국의 IMF 외환위기 배경과 금융자유화
- 닷컴버블의 붕괴와 미국의 재정 및 통화정책
- 미국의 서브프라임 모기지 사태와 금융시스템의 변화
- 2020년 코로나19 사태로 일어난 유동성 확대와 축소
- 최근, 미국 대도시와 위성도시의 집값의 변화, 상업오피스 시장

요즘 서점에 가면 일반인을 대상으로 쉽게 설명이 잘 된 경제 서적이 많습니다. 얇고 친절한 책으로 시작하면 됩니다. 또한 하루 일과 중에 일정 시간 이상은 부동산이 아닌 경제 관련 뉴스를 접하는 것도 필요합니다. 특히 경제 전문 유튜브 채널인 '한경 글로벌마켓 TV'를 추천합니다.[02]

---

02   특히 '김현석의 월스트리트 나우', '김종학의 글로벌마켓 나우', '정인설의 워싱턴 나우'를 추천합니다.

# 1-3
# 뉴턴보다는
# 헨델이 되자

네덜란드 공화국의 튤립파동, 그레이트브리튼(영국) 왕국의 남해회사 거품붕괴, 프랑스 왕국의 미시시피 거품붕괴를 세계 고전 경제의 3대 거품붕괴 사건이라 말합니다. 만유인력의 법칙을 발견한 천재과학자 아이작 뉴턴도 남해회사의 거품(South Sea Bubble)[03]붕괴로 투자의 쓴맛을 보았습니다.

1700년대 초에 설립된 남해회사는 겉으로는 무역회사였지만 실질적으로는 당시 영국 국채상환 이자가 너무 부담이 되자 이를 떠안은 공기업이었습니다. 이 회사는 정부 부채를 인수하면서 국채를 자사주로 교환해줬는데 이때 발 빠른 투자자들은 헐값으로 국채를 미리 사들였다가 남해회사의 주식으로 돌려받게 되면서 버블이 만들어지기 시작했습니다. 이때 수익률이 몇 배에 이르는 등 남해회사 주식을 못 가지면 바보가 된다는 소문까지 퍼졌습니다.

유명인 중에는 뉴턴을 포함하여 위대한 작곡가 헨델도 이 회사의 주식

---

03    이를 두고 '남해버블'이라 부릅니다.

에 투자했습니다. 남해회사가 금융회사로 변신을 하여 엄청난 이득을 보자 다른 사람들도 주식으로 돈을 벌어보자는 욕심에 불법으로 유사 주식을 발행하기 시작했습니다. 시중에 주식이 넘쳐나자 영국 정부는 무분별한 거품을 제거하기 위해 1720년에 소위 '거품방지법'을 제정하여 규제하게 되었습니다.

이에 관하여는 여러 가지 음모론도 있지만 주당 1,000파운드까지 급등했던 남해회사 주식은 100파운드 수준으로 급락하면서 거품은 붕괴되었습니다. 당시 뉴턴은 본인이 팔고 나서도 계속해서 지인들이 주식으로 더 높은 수익을 올리게 되자 돈을 최대한 빌려(지금의 영끌) 재매수를 했으나 원금까지 날렸습니다. 반면에 작곡가 헨델은 생각보다 너무 많이 오르자 보유주식을 중간에 팔아 엄청난 수익을 거두게 되었고 이 자금으로 '영국 왕립 음악 아카데미'를 설립하였습니다.

투자 실패 후, 뉴턴이 한 명언이 지금까지 회자되고 있습니다. "천체의 움직임은 계산할 수 있어도, 인간의 광기는 도저히 계산하지 못하겠다."[04] 남해버블의 붕괴로 영국의 의원내각제 총리가 탄생하게 되는 정치 격변이 일어났고 공인회계사의 개념과 기업회계감사 제도가 도입되었습니다.

아인슈타인도 예외는 아니었습니다. 1921년 노벨 물리학상 수상으로 받은 상금 28,000달러를 장기채권에 투자했다가 미국 대공황을 겪으면서 투자금을 날렸습니다. 아인슈타인은 또한 카지노의 룰렛 게임에서 이기기 위해 많은 수학적 연구를 하기도 했습니다. 그러나 결국 이마저도 실패하기에 이릅니다. "카지노에서 돈을 딸 수 있는 유일한 방법은 딜러

---

[04]  "I can calculate the motion of heavenly bodies, but not the madness of men."

의 칩을 훔치는 것뿐이다."라는 말을 남기기도 했습니다.

부동산으로 수천억을 번 재벌의 이야기가 방송에 소개된 적이 있습니다.

> 부동산으로 떼돈을 버는 가장 확실한 방법은 '**목 좋은 땅을 사서 수백 배 오를 때까지 잊어라. 그럼 너는 아니라도 언젠가 네 자손은 재벌이 될지도 모른다.**'

어차피 통화량은 팽창하고 있으니 이치에 맞는 얘기라는 생각도 듭니다. 아래 그림은 우리나라의 통화량이 계속 늘어나고 있음을 나타내는 그래프입니다.[05] 특히 2020년부터 급격히 늘었음을 알 수 있습니다. 그 이유는 여러분도 충분히 짐작할 수 있습니다.

---

05   M2 통화는 현금, 예금, 적금, 주식, 채권 등의 형태로 표현되는 통화량의 총합을 의미합니다. 경제의 유동성을 나타내는 중요한 지표입니다. (통계 출처 : 한국은행)

다음 그림은 서울, 경기, 전국의 지가변동률을 나타내는 그래프입니다.[06] 2022년부터 시중에 통화량이 급격히 늘더라도 지가변동률은 오히려 줄었다는 것을 알 수 있습니다. 당연한 얘기지만 지역별로 다른 차이를 나타내고 있습니다.

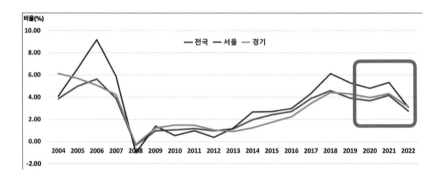

우리가 부동산 투자를 좀 더 체계적으로 접근해야 하는 분명한 이유가 여기에 있습니다. 시중에 유통되는 통화량이 늘어나면서 화폐가치의 하락으로 부동산 가격이 계속 오르기만 하는 것은 절대 아닙니다. 특히 지난 2020년부터 2023년까지의 부동산 시장은 가장 변화가 극심했던 시기였습니다.

재벌이 될 수는 없지만 적어도 손해 보는 투자는 하지 말아야 합니다. 매일 부동산 뉴스를 보면서 일희일비하며 조바심낼 것이 아니라 경제를 보는 안목부터 조금씩 키워나갈 필요가 있습니다.

06    출처 : 한국부동산원

# 2

## 이미 정해졌던 미래

아파트 옥상. 반질거리는 초록 바닥 위로 거대한 환풍기가 슈웅슈웅 돌고 있는 곳. 나른한 오후의 풍경이 한눈에 보입니다. 매일 다니는 길도 이렇게 높은 곳에서 보니 새롭습니다.

1989년 민정 씨가 태어나던 해, 국내 경기가 어려워지며 민정 씨 아버지는 투자에서 큰 실패를 했습니다. 민정 씨가 초등학생일 때는 IMF를 거치며 여러 차례 이사를 다녔습니다. 대학교 졸업 후에는 바로 취업했습니다. 1년 정도 휴학을 하면서 해외연수나 배낭여행을 꿈꿨지만 집안 형편이 허락하지 않았습니다. 결혼을 하고 2020년생 쥐띠 아들도 낳았습니다. 아이가 태어나며 내 집 마련을 하려 했지만 코로나19에 우크라이나-러시아 전쟁이 발발했습니다. 민정 씨는 집값이 떨어질 거란 한 유튜버의 이야기만 듣고 내 집 마련을 미루었습니다. 하지만 계속 오르는 집값에 조급해져 급히 집을 계약했습니다. 말 그대로 꼭지에 집을 산 꼴이 되었습니다.

'부동산 상승과 하락의 신호가 있었는데 내가 그냥 지나쳤나?'
옥상에 서서 지난 일들을 하나하나 짚어봅니다.

# 2-1
# 지난 3년 동안
# 있었던 일

## 금리가 모든 것을 말해주지 않는다

부동산 가격은 시장에서 형성되는 수요와 공급이 만나는 지점에서 결정됩니다. 이때 수요는 실수요자 뿐만 아니라 투자자도 큰 비중을 차지하고 있으며, 공급도 마찬가지로 신규 공급물량뿐만 아니라 기존 소유자의 매도물량도 큰 부분을 차지합니다.

그래서 가격의 형성과정을 이해하려면 수요와 공급을 구성하는 다양한 구조에 대하여 알아야 하고 또한 그런 구조에 영향을 주는 다양한 경제 요인을 이해하는 것이 필요합니다.

부동산 가격이 형성되는 과정을 살펴보면 어느 특정의 경제 요인 몇 가지로만 한정해서 영향을 주는 것은 아닙니다. 상당히 복잡한 과정을 거쳐 개략적인 추정은 할 수 있지만, 이 또한 경제 여건이 바뀌면 또 다른 결과로 나타나기 때문에 하나의 추정 모델로 예측하는 것은 불가능에 가깝습니다.

옆집보다 잘 사는 부동산 투자비밀

아래 그림은 지난 2005년 1월-2023년 8월까지의 한국은행 기준금리 변화와 서울 지역 아파트의 KB월간 매매가격지수[07]의 변화를 나타내는 그래프입니다.

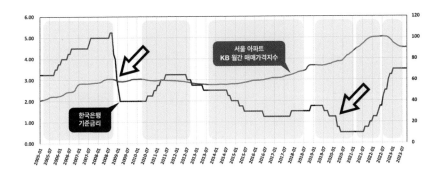

시기별로 자세히 살펴보면 금리인상과 인하가 아파트 매매지수와 1대 1 종속관계를 갖는 것이 아니라는 것을 알 수 있습니다. 즉, 기준금리가 오르더라도 집값이 꾸준하게 오르기도 했었고 반대로 기준금리가 내려가더라도 집값이 완만히 오르던 시기도 있었습니다. 이 반대 상황도 있었음을 알 수 있습니다.

특히 2008년 말에는 기준금리가 5%대에서 2%로 급락했지만 집값은 횡보를 했었고 최근 2020년 봄에는 기준금리가 1.5%대에서 0.5%대로 급락했지만 집값은 오히려 폭등하는 양상을 보였습니다. 기준금리가 경제 전반에 큰 영향을 주는 것은 분명하지만 집값 변화에 1대1로 영향을 주는 것은 아닙니다.

---

07  아파트 매매가격지수는 등기 완료된 모든 실거래 결과를 온전히 반영하는 것이 아니라 각 표본지역 부동산 중개업소를 대상으로 실거래가 또는 거래사례비교법에 의해 조사한 결과를 집산한 것입니다. 자료 수집과 결과 도출의 자세한 과정은 'KB부동산 이용가이드'를 참고하시기 바랍니다.

## ▌왜 과거를 잊지 말아야 하나?

일반적으로 부동산 가격에 영향을 주는 요인은 다양합니다. 신축 공급 물량, 인구 및 가구구조의 변화, 정부의 정책, 금리, 통화량(유동성), 대출 규제, 가처분소득, 경제 상황(호황 또는 위기) 등 실로 다양하며 상호 복합적인 영향을 주고 있습니다.

최근에 다양한 분석기법들, 특히 빅 데이터 분석을 통한 다양한 추정 모델이 제시되긴 하지만 어느 하나 만족스러운 결과를 보여주지 못합니다. 설령 추정되는 결과가 일부 설득력이 있다 하더라도 늘 변화하는 다양한 경제 상황을 반영하여 신뢰성 있는 결과를 내기에는 역부족입니다.

설령 어느 상황에서나 만족할 만한 결과를 내주는 예측 모델이 있다 하더라도 덩치가 큰 자산 중에 하나인 부동산을 거래함에 있어 전적으로 그런 모델에 의존하는 것도 불안합니다. 부동산이란 속성은 금융자산(주식, 채권 등)과 달라서 상대적으로 금액도 크고 보유 기간이 길며, 극단적인 경우에는 아예 거래 자체가 안 되어 큰 투자자금이 묶이게 됩니다. 실제로 지난 2022년 하락기에 아예 거래 건수가 전무한 아파트 단지도 속출했습니다.

과거의 부동산 시장과 경제 환경을 꼼꼼하게 돌아보고 왜 그런 결과가 일어났는지를 살펴보는 것은 향후 좀 더 안정적인 투자를 위해서 반드시 필요합니다. 앞을 정확하게 예측할 수는 없지만 과거의 다양한 사례를 통해 앞으로 발생할 수 있는 투자실수를 조금이라도 줄이도록 해야 합니다.

이때 다양한 경제 요인과 부동산 가격을 1대1 상관관계로 보지 않고 입체적인 시각으로 이해하는 것이 중요합니다. 즉, 어떤 경제 상황에서 다양한 요인들의 인과관계를 이해해야 한다는 것입니다. 예를 들어 금리와 집값을 1대1의 관계로만 생각하지 말고 지금의 경제 상황[08]을 인과관계로 인식하여 어떤 원인으로 어떻게 가격 변화가 일어났는지를 살펴보면서 시장을 바라보는 통찰력을 키우면 평생토록 해야 하는 길고 긴 투자생활에 큰 보탬이 될 것입니다.

BIS(국제결제은행)자료에 의하면 대부분의 국가에서 중산층이하의 소득계층은 소득 상위계층보다 전체 자산중에서 부동산 자산의 보유비율이 상대적으로 높습니다. 특히, 우리나라가 더 그런 것으로 나타나고 있습니다. 그러나 부동산 자산에 자칫 큰돈이 묶이거나 손실이 발생하면 경제적 부의 사다리에서 낙오될 수도 있습니다.

## 3년 전 봄에 무슨 일이 있었나?

2019년의 마지막 날인 12월 31일은 신종 코로나바이러스가 세계보건기구에 처음 보고된 역사적으로 큰 사건이 생긴 날입니다. 처음에는 정체불명의 폐렴 정도로만 알려졌으나 불과 한 달 후인 2020년 1월 31일에 세계보건기구(WHO)는 신종 코로나바이러스 감염증에 대한 '국제 공중

---

[08] 예를 들어 시중에 유동성이 풍부한가, 가계부채 상황은 어떠한가, 가처분소득은 늘고 있나 등과 같은 경제(투자) 환경에서 어떤 이유로 금리가 내려간다면 부동산 시장으로 그 유동성이 유입되어 가격이 오를 것으로 판단해 보는 식입니다.

보건 비상사태(PHEIC)'를 선포했습니다.[09] 그리고 약 한 달 후인 3월 11일에 코로나19 '팬데믹(pandemic, 세계적인 대유행)'을 선언했습니다.

코로나19 사태 이전만 해도 세계 경제는 소위 '골디락스[10]' 상황이었습니다. 즉 물가는 안정적이었는데 경제성장은 높은 수준으로 유지되고 있었습니다. 그러나 미-중 무역갈등이 경기 상황에 다소 부정적인 영향을 주게 되자 당시 트럼프 행정부는 다시 경기부양을 위해 시중에 돈을 푸는 양적완화를 시행하며 동시에 미 연준(FED)에 기준금리인하를 종용했습니다.[11]

주가폭락에 글로벌 경제침체 우려까지 … 고개 드는 미 금리인하론
〈2019.1.5. 이데일리〉
Fed, 600억弗 들여 국채 매입 … 월街 "사실상 양적완화 돌입"
〈2019.10.13. 한국경제〉

---

[09] PHEIC : Public Health Emergency of International Concern, 국제 공중 보건 비상사태를 말하는 것으로 특정 질병이 세계적으로 대거 유행하는 경우 세계보건기구(WHO)가 선포하는 것을 뜻합니다.

[10] 골디락스(Goldilocks) : 높은 성장을 이루고 있더라도 물가가 안정적인 상태를 말하는 것으로 영국의 전래동화인 '골디락스와 곰 세 마리'에 등장하는 소녀의 이름에서 유래되었습니다. 골디락스는 Gold(금)와 Lock(머리카락)을 합친 말로 '금발머리'를 뜻합니다. 동화에서 골디락스는 곰이 끓인 세 가지 스프에서 뜨겁지도 차갑지도 않은 적당한 온도의 스프를 먹고 기뻐하는데 이를 경제상태에 비유한 것입니다. 영국의 파이낸셜 타임스(Financial time)가 2004년의 중국경제를 '골디락스에 진입했다'고 보도하면서 알려지게 되었습니다.

[11] 미국은 2008년 글로벌 금융위기 이후 3차에 걸친 양적완화(QE)를 통해 미 연준(FED)의 자산규모가 4조 5,000억 달러로 증가했다가 2017년 10월부터 시작된 양적긴축(QT)으로 2019년 4분기에는 3조 7,600억 달러까지 감소하는 상황이었으나, 경기부양을 위해 다시 사실상의 양적완화를 시행하게 되었습니다.

옆집보다 잘 사는 부동산 투자비밀

물가가 안정적인 상태였기 때문에 미 연준을 비롯한 세계의 중앙은행들은 지속적인 성장을 위해 다소 낮은 금리를 유지하고 있었으며 이로 인하여 부채는 빠른 속도로 증가하고 있었습니다. 그런데 난데없는 코로나19의 급격한 확산으로 세계 경제는 순식간에 냉각되고 경제활동이 전면적으로 멈춰서게 되었습니다.

미국의 경우 2020년 3월부터 5월까지 약 2천만 명의 대량 실직이 발생하였습니다. 일자리가 급격하게 줄면서 개인소득 또한 크게 줄어들었습니다. 경제가 멈추게 되면 개인은 물론 기업의 도산으로 은행 등의 금융시스템을 불안하게 만들고 이는 또 다시 경제 전반에 충격파를 주게 되어 큰 위기의 소용돌이에 빠지게 됩니다.

## 2020년 봄, 무제한 양적공급 단행

2008년 글로벌 금융위기 때에는 미국은 재정지출을 통해 은행에 자본을 주입해주었고 연준은 은행의 장기국채를 현금으로 바꾸어주는 양적완화를 단행하여 위기를 벗어날 수 있었습니다. 당시의 경험을 살려 2020년 세계적인 코로나19 사태를 극복하기 위해 연준은 주저하지 않고 무제한 양적완화를 단행하겠다고 발표했습니다.[12]

다음은 연준의 대차대조표(Balance Sheet) 그래프로 코로나19로 인한 양적완화로 인하여 자산(=자본+부채)이 급격히 증가하였음을 알 수 있습니다. 이는 금융위기보다도 더 급격한 것이었습니다. (그래프상의 빨간색 사각형 참조)

12 '미 FRB, 무제한 양적완화 선언…전례 없는 조치', 2020.3.23, 조선비즈.

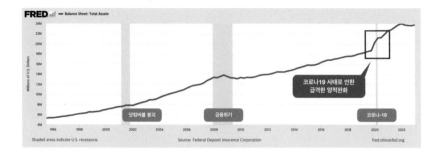

미연준이 기준금리를 제로로 낮추고 양적완화를 시행하는 동안, 미 행정부는 재정정책을 통한 강한 경기부양책을 펼칩니다. 트럼프 행정부는 2020년 4월에 2조 2천억 달러, 2020년 12월에 9천억 달러의 재정지원을 했으며 바이든 행정부는 취임 초기인 2021년 3월에 1조 9천억 달러의 부양책[13]을 펼쳤습니다. 세 부양책을 합하면 모두 5조 달러의 규모에 이릅니다.

이에 따라 소비가 크게 늘고 기업 매출도 늘어나면서 주식과 부동산 등의 자산 시장으로 돈이 몰리기 시작했습니다. 다음 그래프는 물가지표 중에 하나인 개인소비지출(PCE : Personal Consumption Expenditure) 추이를 나타냅니다. 코로나19 사태가 발생하고 대량실업이 생기면서 일시적으로 개인소비지출이 급감하였으나 대대적인 재정정책시행으로 시중에 돈이 풀리면서 소비가 다시 회복됐습니다. (그래프상의 빨간색 사각형 참조)

---

[13]  코로나19로 실업자가 급격하게 늘자 개인들에게 직접 현금을 지급했습니다. 즉, 각 개인에게 2020년 4월에는 1,200달러, 2020년 12월에는 600달러, 2021년 3월에는 1,400달러를 지급했습니다.

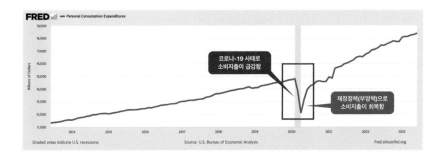

다음 그림은 근원 소비자 물가지수(Core CPI : Costumer Price Index)[14]의 변화를 나타낸 그래프입니다. 그래프에서 알 수 있듯이 2020년대 초반까지는 3% 이내의 저물가 시대가 계속되어 왔습니다. 그러던 중 코로나19 사태로 인한 일시적인 소비위축으로 한때 물가지수가 2% 이하로 머물다가 막대한 양적완화와 금리인하로 유동성이 넘쳐나고 2021년 상반기에 2%를 넘어서기 시작하였습니다. 그 이후로 물가지수가 가파르게 오르자 인플레이션과 자산 버블의 우려가 생겨나기 시작했습니다.

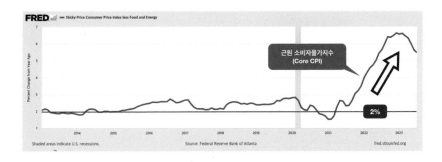

---

14  소비자물가지수에 반영되는 항목 중에 에너지와 식량은 수입에 의존하는 경우가 많으므로 지정학적 요인에 따라 가격변동이 심할 수 있기 때문에 이를 제외한 소비자 물가지수를 근원-소비자물가지수(Core-CPI)라 부릅니다.

## 나쁜 인플레이션에 대한 두려움

인플레이션에는 착한 인플레이션과 나쁜 인플레이션이 있습니다. 착한 인플레이션이란 경기 활성화로 소득이 늘고 소비가 촉진되어 물가가 오르는 것을 뜻하는 반면에 나쁜 인플레이션은 개인의 소득은 줄어드는데 물가만 오르게 되어 결국엔 경제 위기로 이어지는 인플레이션을 말합니다.

나쁜 인플레이션이 장기간 고착화되면 물가상승으로 화폐가치는 하락하게 되는데 이는 저소득층과 같은 취약계층의 삶의 기본을 흔들어 부의 양극화가 더욱 심화되고 사회발전에 큰 저해요소가 됩니다.

또한 착한 인플레이션이라 하더라도 장기간 지속되게 되면 후에 닥칠 경기 침체에 대응하기 위해 금리인하나 양적완화 등과 같은 부양책을 쓸 수 있는 여지가 줄어들기 때문에 한계상황을 극복하는데 어려움을 겪게 됩니다. 이는 이미 1970년대의 고물가 시대가 경험적으로 알려 주고 있습니다.

## 연준의 늦장 대응과 우-러 전쟁의 발발

시중에 막대한 유동성이 공급되어 소비지출이 큰 폭으로 늘어나는 인플레이션 상황에 2021년 2월 말에 발생한 우크라이나-러시아 전쟁은 기름을 쏟아부었습니다. 즉 이미 미-중 무역 분쟁으로 국제 공급망(Supply-chain)의 불안한 상태가 지속되는 가운데 우-러 전쟁은 추가적으로 원자재 가격 상승에 기폭제 역할을 했습니다.

다음 그래프는 우-러 전쟁 후에 서부 텍사스산 원유(WTI) 가격의 변동을 나타낸 그래프입니다. 이미 소비팽창으로 물가가 오르는 상황에서 국제 유가의 상승은 물가상승을 더욱 부추겼습니다.

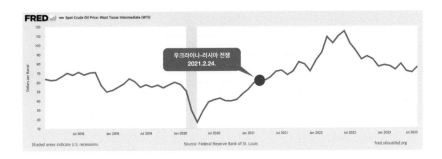

그러나 이런 불안한 상황에서도 연준 의장인 제롬 파월(Jerome Hayden Powell)은 2021년 7월 15일에 열린 미 상원청문회에서 다음과 같이 밝혔습니다.

"예상했던 것보다 더 큰 인플레이션 상승을 경험하고 있으며, 그것이 상당히 빨리 지나갈 것인지 아니면 실제로 조치를 취해야 하는지 이해하려고 노력하고 있다. **어떤 식으로든 우리는 장기간 높은 인플레이션 기간에 들어가지 않을 것이다. 물론 우리는 이를 해결할 수 있는 도구를 가지고 있기 때문이다."**[15]

15    발언 원문, "We're experiencing a big uptick in inflation, bigger than many expected, bigger certainly than I expected, and we're trying to understand whether it's something that will pass through fairly quickly or whether, in fact, we need to act. One way or another, we're not going to be going into a period of high inflation for a long period of time, because of course we have tools to address that."

즉, 예상보다 높은 상승이지만 인플레이션을 제어할 수 있기 때문에 좀 더 지켜보겠다는 뜻입니다. 연준은 2021년 내내 제로금리를 유지하였으며 양적완화를 계속 이어갔습니다. 반면에 미국의 각계각층에서 연준의 이런 대응이 너무 사태를 안이하게 보는 것이 아닌가 하는 우려가 나오기도 했습니다.

연준이 양적완화를 멈추고 기준금리를 본격적으로 인상하기 시작한 것은 우-러 전쟁이 일어나고 1년이 지난 2022년 3월부터였습니다.

Fed Interest Hikes May End Up Having Unintended Consequences
〈2022. 6.15. WSJ〉
버냉키 "연준의 뒤늦은 물가 대응은 실수" 〈2022.5.27. 연합뉴스〉
엘 에리언 "연준 늦장 대응이 고물가 장기화 초래" 〈2022.8.8. 한국경제〉

## 늦장 대응의 부작용 : 급격한 금리인상

이런 늦장 대응으로 연준은 지난 40여 년간 유래를 찾을 수 없었던 급격한 금리인상을 단행할 수밖에 없었습니다. 즉, 2022년 3월 0~0.25%였던 기준금리를 최근 2023년 7월에는 5.5%로 인상되어 약 1년 4개월 동안 5% 이상 오른 것입니다.

다음 그래프는 코로나19 발생으로 인한 기준금리의 급격한 인하와 인플레이션 억제를 위한 급격한 금리인상을 나타내고 있습니다. 특히, 최근의 금리인상이 얼마나 급격했는지를 나타내고 있습니다.

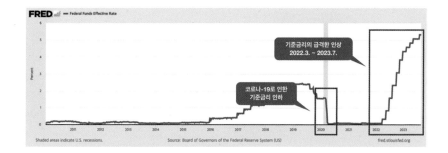

그런데, 연준은 왜 이런 늦장 대응을 했을까요? 지난 금융위기 이후에 약 10여 년 동안 좀처럼 회복하지 못하고 장기간 경기 침체를 겪었기 때문에 섣불리 금리인상을 단행하지 못한 것으로 추정됩니다.

# 부동산 버블의 형성과 붕괴

  그럼 코로나19 사태 이후에 생겨난 자산(특히 부동산) 버블에 대하여 살펴보겠습니다. 버블(Bubble, 거품)의 사전적 의미는 다음과 같습니다.

> 경제투자 · 생산 등 실물 경제의 활발한 움직임이 없는데도 물가가 오르고 부동산 투기가 심해지고 증권 시장이 과열되는 등 돈의 흐름이 활발해지는 현상으로 겉으로는 일반적인 경기 과열과 비슷해 보이나 돈이 생산 활동을 하는 기업으로 몰리지 않고 투기나 사치성 소비 부문에 몰리는 것이 특징이다.[16]

## 더 큰 바보 이론

  버블현상을 설명하는 '더 큰 바보 이론'이 있습니다.[17] 정상적인 투자라면 먼저 적정 가격이 형성되어 있는지를 따져보는 게 필요하지만 투기적

---

16  출처 : 네이버, 표준국어대사전

17  더 큰 바보 이론 [The greater fool theory]은 영국의 경제학자 존 메이너드 케인스 (1883–1946)가 만든 이론으로 합리적인 경제적 동기에 따르지 않고 야성적 충동 (animal spirits)에 의해 주식이나 채권, 부동산 등 특정 상품의 가격이 높은 상태라 하더라도 더 높은 가격에 팔 수 있을 것이라는 기대에 따라 투자에 나서는 것을 말합니다. (출처 : 한경 경제용어사전)

시장에서는 지금보다 높은 가격에 되팔 수 있는지만 생각하는 사람이 많아지게 됩니다.

비싸게 구매한 자신이 '바보'라는 사실을 알고 있더라도, 더 비싼 값에 내 물건을 사는 '더 큰 바보'가 있다는 확신만 있다면 어떤 가격이든 무리하게 투자를 합니다.

그 첫 번째 예시가 다음에 소개 할 튤립 파동입니다.


## 최초의 버블 - 튤립파동

튤립파동(Tulip mania)은 17세기 네덜란드에서 발생한 사실상 최초의 버블 경제로 불립니다. 1630년대 네덜란드에서는 수입된 지 얼마 안 된 터키산 원예식물인 튤립이 큰 인기를 끌어 사재기 현상이 벌어졌습니다. 심지어 꽃이 피지도 않은 상태에서 특정 가격에 미리 사겠다는 선물거래까지 등장했으며 한 달 만에 가격이 무려 2,600%까지 오르기도 했습니다.

튤립파동의 정점은 1637년 2월이었습니다. 튤립이 숙련된 장인의 연소득의 10배보다 더 높은 값으로 팔리기도 했습니다. 그러던 어느 날 갑자기 투기의 종말이 닥쳤습니다. 거래시장에서 더 이상은 살 사람이 없을 것이라는 소문이 나돌았던 것입니다. 그러자 가격이 하락세로 반전되면서 팔겠다는 사람만 넘쳐나게 되어 거품이 붕괴하게 되었습니다. 이로 인해 상인들과 튤립 투자자들은 막대한 손실을 입었습니다.

튤립버블의 붕괴는 경제 황금기였던 네덜란드가 영국에 경제대국의 자리를 넘겨주는 한 가지 요인이 되었습니다. 다음 그림은 당시의 투기

광풍이 얼마나 극심했는지 알려줍니다.[18]

## 일본의 버블 붕괴와 장기 불황

부동산 버블 중에 가장 대표적인 예로 1980년대 후반 일본을 들 수 있습니다.

일본은 2차 세계대전 이후 황폐화된 전후 상태에서 한국전쟁과 미국의 지원 등으로 산업화와 고도성장에 성공합니다. 일본 기업들은 엔화 저평가에 따른 가격경쟁력으로 세계시장을 장악하고 있었습니다. 막대한 무역적자에 시달리던 미국은 일본 기업들의 독주를 억제하기 위해 일본 엔화의 가치를 대폭 절상하고 달러화의 가치를 상대적으로 낮추는 플라자 합의를 1985년에 체결합니다.[19]

---

18  왼쪽 그림은 1637년 네덜란드 도록에 실린 그림이고, 가운데 그림은 '헨드릭 게리치 포트'라는 화가가 1640년에 튤립열풍을 풍자하여 그린 '바보마차'라는 그림입니다. 오른쪽 그림은 네덜란드 튤립마니아가 만든 팜플릿에 있는 그림입니다.

19  1985년 9월 22일에 프랑스, 독일(서독), 영국, 미국, 일본의 재무장관들이 뉴욕의 플라자 호텔에서 진행한 합의로 미국이 인위적으로 달러의 가치를 떨어뜨리려 다른 나라 화폐들(특히 일본 엔화)의 가치를 올린(평가 절상) 일종의 환율 조정 합의입니다.

그 결과 갑작스런 엔화 강세로 인해 일본의 수출 경쟁력이 크게 떨어지게 되자 일본 정부는 돌파구의 일환으로 내수 시장을 키우기 위해 금리인하를 단행하게 되었습니다. 즉, 돈의 가치를 떨어뜨리는 정책을 펴게 되었습니다.

일본의 일반 국민들은 돈을 빌리기 쉬워지자 국가 성장과 산업 경쟁력을 위한 기업 투자가 아니라 접근하기 쉬운 주식이나 부동산 투자에 집중하기 시작했습니다. 심지어 부동산 가격의 100%를 넘는 대출을 일으켜 다시 부동산에 재투자까지 했습니다. 자고 나면 부동산은 계속 올랐으므로 대출이 대출을 부르는 기현상이 일어난 것입니다. 이에 주요 도시의 부동산 가격이 불과 5년 사이에 3배 이상 급등하였습니다. 특히 상업용 부동산의 버블이 극심해서 일본 땅을 모두 팔면 미국 땅을 사고도 남을 정도였습니다.

이런 과도한 급등을 억제하기 위해 금리인상과 더불어 대출을 규제하게 되자 투기 수요는 억제되고 부동산은 폭락하였습니다. 버블이 한꺼번에 붕괴되면서 1991년에는 부동산 가격이 90% 가까이 떨어졌습니다. 이로써 일본은 '잃어버린 10년, 20년, 30년'의 시대로 접어들었습니다. 다음 그림은 일본의 주거용 부동산 가격지수의 변화를 나타내는 그래프입니다.

1980년대 초 일본이 압도적인 기술력과 엔저를 토대로 엄청난 무역흑자를 기록하자 경상수지적자에 시달리던 미국은 본 합의를 통해 250엔이었던 엔달러 환율을 120엔으로 조정하여 일본의 수출경쟁력을 낮추는 데 성공했습니다.

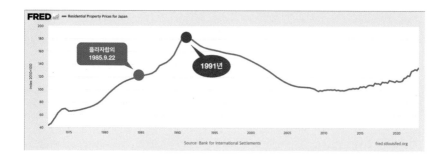

　다음 그림은 1990년을 정점으로 일본의 토지 값(세로축)과 GDP(가로축)이 1955년부터 2008년까지 어떤 변화를 나타냈는지를 나타내는 그래프입니다. 1990년까지 GDP와 함께 토지 값이 동반상승을 했지만 1990년 이후로 GDP 대비 토지 값이 급격히 하락했습니다.[20]

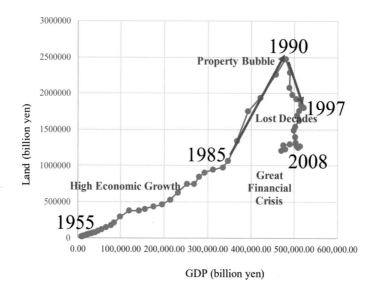

20　Compilation of the Commercial Property Price Index(CPPI) and Its Use in Japan, 2019, Chihiro Shimizu, The University of Tokyo & Nihon University

## 버블의 순기능과 역기능

버블이 반드시 나쁜 것만은 아닙니다. 버블이 형성되는 과정에서는 투자와 소비를 자극함으로써 경제활동에 활력소가 되기도 합니다. 실제로 1990년 말의 IT 버블은 관련 업종에 막대한 자금이 흘러들어 IT 확산을 위한 기폭제가 되었고 이는 디지털 정보화 사회를 앞당기는 계기가 되었습니다.

그러나 과도한 버블은 경제발전에 걸림돌이 됩니다. 버블 붕괴의 위험을 무시한 무리한 투자는 경제활동을 위축시키며 특히 부실채권으로 인해 금융기관에 문제가 생기면 실물경제에 자금 공급이 중단되며 장기 불황의 늪에 빠지는 충격이 오게 됩니다.

## 버블의 계량화

앞에서 살펴본 대로 버블은 그 속성상 한꺼번에 일시적으로 붕괴하는 특성이 있습니다. 그래서 버블의 크기와 형성과정을 예측하고 판단할 수만 있다면 투자활동에 큰 이득을 가져다줄 수 있다는 생각을 할 수 있습니다. 그러나 이를 측정하고 평가하는 것은 사실상 불가능에 가깝습니다. 조금 더 구체적으로 살펴보겠습니다.

버블의 크기는 다음과 같이 계량적으로 표현될 수 있습니다.

**버블의 크기 : 자산의 내재가치와 기대이상으로 고평가된 현재 가격의 차이**

부동산의 내재가치는 현재의 가격뿐만 아니라 미래의 기대되는 수익에 따라 달라집니다. 그런데, 이때 미래의 수익에 영향을 주는 변수를 예측하는 데 한계가 있기 때문에 내재가치를 평가하는 것은 결코 쉽지 않습니다. 몇몇 경제학자들이 이를 수치화하여 예측하는 모델을 고안하기도 했지만 그 안정성과 신뢰도에 의문이 듭니다. 즉, 버블의 크기를 계량화하는 것은 한계가 있습니다.

특히 이런 버블은 그 존재를 파악하기가 어려우며 가격이 폭락한 후에야 후행적으로 버블의 발생 여부와 크기를 가늠할 수 있습니다. 예를 들어 어떤 아파트의 가격이 10억 원대에서 거래되고 있다가 급격히 상승하여 20억 원이 되었고 다시 갑자기 급락하여 14억 원대에서 꾸준하게 일정한 가격대를 형성한다면 버블의 크기를 20억 원과 14억 원의 차이인 6억 원으로 인식할 수 있다는 것입니다. 그런데 여기서 최고 정점이 20억 원이 될지 그리고 최저 안정적인 가격대가 14억 원이 될지 판단하기가 불가능합니다.

버블의 형성과 그 크기를 정확히 예측할 수 있다면 누구나 막대한 부를 쌓을 수 있겠지만 불행히도 그런 잣대는 존재하지 않습니다. 흔히 버블을 얘기할 때 거시경제에서는 M2(광의통화) 유동성, 이자보상배율 1 이하의 기업 수, CNN 머니의 공포와 탐욕지수 등이 있으며 증시에서는 버핏지수와 각종 밸류에이션 지표 등이 있습니다.

부동산에 관하여는 매매가 대비 전세가율, 각종 주택 구매력지수, 소득대비 주택가격 비율 등이 거론되고 있으며 또한 각종 경제지표를 기준으로 판단하기도 합니다. 그러나 부동산 가격은 각종 지표가 알려 주는

옆집보다 잘 사는 부동산 투자비밀

시그널을 벗어나 예상했던 수준보다 폭등하거나 폭락할 수 있습니다. 따라서 투자활동의 기준을 정하고 위기 대응에 앞서기 위해서는 과거 버블의 형성과 붕괴의 과정을 살펴보고 가격등락에 영향을 주는 다양한 요소들의 관계를 살펴보는 노력이 필요합니다.

## 주택 PIR 지수에 대한 논란

집값의 수준을 평가하는 기준으로서 자주 얘기하는 것이 소득대비 주택가격 비율(PIR : Price Income Ratio)입니다. 이는 주택가격을 소득으로 나눈 것으로서 이 값이 크면 클수록 집값이 과도하게 높다고 얘기합니다.

그런데 계산 근거가 되는 표본 주택의 종류나 소득 기준이 집계하는 방법과 기관에 따라 다르기 때문에 일관성 있게 이 값을 산출하는 것이 쉽지 않습니다. 즉, 주택 가액을 실거래를 기준으로 할 수도 있고 일반적인 시세 추이를 기준으로 할 수도 있습니다. 또한 소득도 지역별로 세분화된 가구소득을 기준으로 하는지 아니면 전국 평균으로 하는지에 따라서도 달라질 수 있습니다.

참고로, KB부동산에서 발표하는 PIR 지수는 다음과 같이 두 가지가 있습니다.[21]

• KB PIR 지수
주택가격을 가구소득으로 나눈 값을 말합니다. 가구소득은 분기별로

---

21  KB부동산 데이터 플랫폼

해당 지역 내 KB국민은행 부동산담보대출(아파트) 대출자의 연소득 중위 값이며 주택가격은 분기별로 해당 지역 내 KB국민은행 부동산담보대출(아파트) 실행 시 조사된 담보평가 가격의 중위 값입니다.[22]

다음 그림은 서울 지역에서 소득 3분위에 대한 주택가격 3분위의 PIR 지수를 나타내는 그래프입니다.

• KB아파트담보대출 PIR 지수

KB아파트담보대출 PIR은 실제 KB국민은행의 대출거래 정보로 작성된 지수로 기존 KB국민은행에서 발표중인 PIR과는 차이가 있습니다.

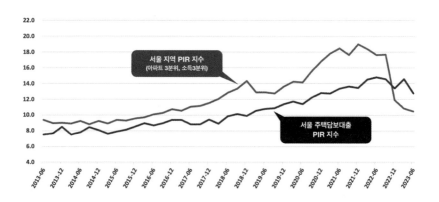

KB부동산 통계시스템 외에도 국토교통부, 주택금융연구원 등의 국내 기관에서 제공하는 PIR 지수도 있으며 OECD 통계국, 넘베오(NUMBEO)와 같은 해외 전문기관에서 제공하는 PIR 지수도 있습니다. 같은 PIR 지수

---

22    연소득과 주택가격을 가장 낮은 1분위(하위 20%)에서 가장 높은 5분위(상위 20%)까지 5단계로 구분합니다.

라는 명칭을 사용하지만 그 값은 서로 다르게 나타납니다. 따라서 PIR 지수 자체의 값보다는 그 변화하는 경향을 관찰하여 정성적으로 판단할 수밖에 없는 한계가 있습니다.

## 한국의 주택 버블에 대한 경고

2022년 9월 한국은행에서 발표한 '금융안정상황 보도자료'에 따르면 코로나19 이후 한국의 소득 대비 주택가격(PIR) 상승 폭이 경제협력개발기구(OECD) 33개국 중 3위로 나타났습니다. 특히, 한국의 PIR의 장기추세치 대비 갭(Gap)률은 33개국 중 가장 높은 수준이라고 밝혔습니다.[23]

이는 GDP 대비 가계와 기업의 부채가 차지하는 비율이 과거 추세보다 빠르게 늘어났다는 것으로서 우리나라의 집값 하락 가능성이 다른 주요국보다 훨씬 높다는 뜻입니다. 다음 그림은 주요국의 소득대비 주택가격(PIR 지수)을 나타내는 그래프입니다.[24]

---

[23]   신용갭(Credit to GDP gap)이란 국제결제은행(BIS)에서 분기별로 발표하며, 국내총생산(GDP)대비 가계 및 기업부채 비율이 장기추세치에서 벗어난 정도를 나타내는 부채위험평가 지표입니다. GDP에서 가계와 기업의 부채가 차지하는 비율이 과거 추세보다 빠르게 늘수록 신용갭이 커지게 됩니다. 일반적으로 10% 포인트를 초과하면 '경보' 단계로 분류됩니다.

[24]   출처 : BIS, 한국은행

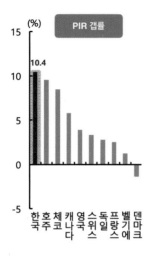
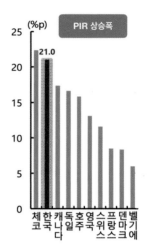

게다가 가계대출 규제가 강화되고 고금리가 지속되면 자금조달 비용이 늘어나면서 주택매수심리가 약화되어 집값 하락이 커질 수 있다고 분석했습니다. 즉, 그동안 가계대출의 높은 성장세로 주택가격이 급등하였으나 향후 금리인상은 가계의 채무상환부담을 증가시켜서 주택가격의 하방압력으로 작용할 수 있습니다.

이보다 앞서 한국은행은 2021년 12월에 발표한 금융안정보고서에서 다음과 같이 기술하고 있습니다.

> **가계대출 증가율과 주택매매가격 상승률 및 거래량은 대체로 비슷하게 움직이고 있다.** 특히, 가계대출 증가율과 주택매매가격의 연관성이 거래량에 비해 상대적으로 높은 모습이다.

또한 이런 배경의 원인을 다음과 같이 진단했습니다.

### 1. 수급불균형에 따른 가격 상승 기대

우리나라는 인구가 정체된 가운데 세대수가 증가하는 구조적 변화를 겪고 있다. 특히, **20-30대 1인가구의 빠른 증가 등으로 세대수 증가에 따른 주택 수요압력이 확대**되었다. 한편, 아파트 선호현상 등 주거환경 개선 수요도 증대되고 있다. 그럼에도 불구하고 주택공급이 비탄력적임에 따라 수급 불균형의 문제가 시장의 주된 관심사가 되어왔다. 수급불균형은 가격상승 기대를 동반하면서 주택 매매가격을 상승시키고 주택금융을 증가시키는 요인으로 작용한다.

### 2. 주택 관련 공적보증의 확대

정부는 서민 주거 안정을 위해 전세보증, 정책 모기지론 등 주택관련 공적보증을 확대 공급하였다. 이로써 **금융기관의 주택 관련 리스크가 상당 부분 공적 보증기관으로 이전**되면서 금융기관의 주택관련 리스크에 대한 민감도가 낮은 상황이다. (중략) **전세 자금 대출은 임차인이 대출금 상환이 어려운 경우 보증기관이 대신 상환함에 따라 금융기관의 신용리스크 부담이 매우 제한적**이다.

### 3. 풍부한 유동성의 주택시장 유입

코로나19 이후 완화적 금융여건, 정부 및 국외부문을 통한 풍부한 유동성 공급 등으로 시중 유동성이 크게 증가하였다. 이러한 풍부한 **시중 유동성의 일부가 코로나19 이후 경제주체의 위험수익 추구 성향 강화 등으로 주택시장에 유입되면서 주택가격과 주택금융간 상호 순환 관계가 강화**된 것으로 평가된다. 가계대출 증가율이 높은 수준을 보이고 있으나 가계 M2 증가율은 둔화된 모습을 보이는 점이 **가계가 대출로 공급된 통화를 주택과 주식 등 비통화성 자산투자에 활용**하고 있음을 시사한다.

이를 요약하면 집값 상승의 요인으로 수급불균형도 있지만, 정부가 보증하는 공적보증 확대와 코로나19 이후 풍부한 유동성 유입이 가장 큰 요인으로 지적됩니다.

이에 대한 대책으로 다음과 같이 제안했습니다.

주거안정 지원을 위한 정부의 공적보증이 금융안정을 저해하지 않도록 공급 규모, 지원 대상 등을 조정해야 된다. 예를 들어 **전세자금대출 등 임차인에 대한 지원이 임대인의 유동성 공급채널로 기능하면서 주택매수자금으로 활용되지 않도록 제도를 보완**할 필요가 있다.

한편 주택금융이 큰 폭으로 확대되어 금융시스템의 잠재리스크로 작용하지 않도록 **주택 관련 거시건전성 정책을 보완·강화**할 필요도 있다.

한마디로 요약하면 주거 안정을 위해서는 신규 아파트 공급을 꾸준히 하되 대출규제를 강화해야 한다는 뜻입니다.

옆집보다 잘 사는 부동산 투자비밀

## 2-3
# 우리나라
# 주택 버블의 역사

과거를 이해하고 이를 현 상황에 적용해보는 것이 투자 첫걸음입니다.

과거의 어떤 상황일 때 집값에 큰 변화가 있었는지 살펴보는 것이 중요합니다. 돌이켜보면 국내 주택시장에서의 버블의 형성과 붕괴의 사이클은 다음과 같이 크게 4개의 기간으로 정리됩니다.

1차 : 1980년대 말-1990년대 초반 (노동 항쟁과 서울올림픽 개최)

2차 : 1995-1997 (IMF 외환위기 전까지)

3차 : 2005-2008 (글로벌 금융위기 전까지)

4차 : 2017-2021 (대출규제와 금리인상 전까지)

## 1980년대 말에서 1990년대 초반

1980년대 초반까지만 해도 연 20%에 육박했던 금리가 1980년대 중반부터 10%대로 급격하게 떨어지고 유가 및 달러도 동반 하락하여 우리

나라는 소위 3저 호황을 누리게 되었습니다. [25]

이를 기반으로 1986-1988년까지 연평균 12.1%의 고도성장을 하게 되었으며 처음으로 국제수지가 흑자를 기록하는 호황을 누리며 일자리도 넘쳐났습니다. 게다가 1987년의 소위 '노동 항쟁'으로 인한 임금 상승으로 중산층이 두텁게 형성되기 시작했습니다.

게다가 1988년 서울올림픽 특수와 중산층의 구매력 확보로 당시에는 10%대의 금리도 저금리라 여겨졌으며[26] 부동산은 연평균 14%씩 상승하기에 이르렀고 정점인 1990년에는 전년 대비 21.0%나 급등하는 광풍이 일어나기도 했습니다. 지금 기준으로는 엄청난 고금리였음에도 주택값이 폭등하던 시절이었습니다. 다음 그림은 당시의 기준금리를 나타내는 그래프입니다. [27]

---

**25** 세 가지 숫자가 낮아 호황을 누린 시기. 전두환 정부 임기 후반인 1986년부터 노태우 정부 임기 초인 1989년까지 나타난 경제 흐름으로 저금리, 저유가, 저달러를 뜻합니다. 전두환 정부 초기에는 2차 석유파동으로 물가상승률이 30%에 달하는 악재가 있었던 시기로 강력한 물가안정정책을 실시하여 물가상승률을 3%까지 낮추었습니다. 이런 3저 호황은 1989년에 끝났지만, 그 이후에도 1997년 외환위기가 터지기 전년도인 1996년까지 한국 경제는 비교적 순탄하게 굴러갔습니다.

**26** 2023년에 비해 엄청난 고금리였음에도 집값은 천정부지로 뛰었습니다.

**27** 출처 : 한국은행, 통계청

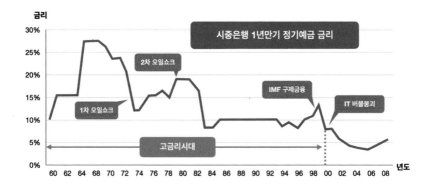

위와 같은 고금리 기조에도 단군 이래 최대의 호황기라고 불렸고 그 정점인 1988 올림픽 이후 통화량 급증에 따라 물가 오름세 심리가 확산하여 전셋값도 폭등하기에 이르렀습니다. 그러던 중 미국의 검은 월요일[28]과 일본의 버블 붕괴로 상징되는 세계 경제의 퇴조, 국내적으로는 원화 절상과 통상압력, 과잉투자로 인한 국제수지 악화로 1989년에 무너지게 됩니다.

한편 정부는 과열된 부동산 시장을 식히기 위해 1988년 '8.10부동산 종합대책'과 신도시 건설 구상을 담은 1989년 '긴급부동산 투기억제대책(2.4)'에 이어 1990년에만 3차례 투기억제 및 물가안정을 위한 특별대책을 내놓았습니다.

당시의 3저 호황이 끝나고 1기 신도시 건설과 맞물려 1991년부터 1995년까지 5년 연속 집값이 안정되었습니다.

---

28  1987년 10월 10일 월요일에 뉴욕증권시장에서 일어난 주가 대폭락 사건을 말합니다.

## 1995년에서 1997년 IMF 외환위기 발생까지

1990년대 초반에 접어들면서 미국의 상업용 부동산 시장이 침체되기 시작했고 1992년에는 동유럽 일부 국가에서 경제 위기가 발생하면서 글로벌 경기 침체가 오기 시작했습니다. 그러나 위기가 극복 되면서 1993년부터 반도체 등 신성장 산업이 호황기를 맞으며 글로벌 경기가 회복되기 시작했습니다. 우리나라는 6%대를 넘는 고성장을 이어갔습니다. 주택가격은 다시 고개를 들기 시작해서 완만한 상승을 이어갔습니다.

그러나 1997년 말에 IMF 구제금융 사태를 맞게 되며 급격한 경기 침체와 함께 주택시장이 다시 침체하게 되었습니다. 1998년에는 집값이 12.4%나 폭락했습니다.


## 2005년에서 2008년 글로벌 금융위기 발생까지

추락하던 집값은 정부의 대대적인 건설경기부양과 부동산 규제 철폐로 1999년부터 다시 꿈틀거리기 시작했습니다. 2000년 말에 IMF 외환위기를 벗어나고[29] 국제적인 저금리 기조에 따라 유동성이 풍부해지기 시작했습니다. 이에 2003년까지 상승세를 지속했는데, 특히 월드컵이 열린 2002년에는 집값이 16.4%나 뛰어 2000년대 들어 최고 상승률을 기록했습니다.

---

[29]  2000년 12월 4일 당시 김대중 대통령은 '우리나라가 IMF위기에서 완전히 벗어났다'고 공식발표했습니다.

이에 따라 정부는 2003년에 무려 6건의 잇따른 부동산 대책[30]을 발표하였으며 2003년 카드대란 사태를 겪으면서 집값이 잠시 주춤했습니다. 2003년 초반만 하더라도 미분양의 한파로 일부 건설사는 최초 분양가 대비 40% 이상의 할인율로 소위 '땡처리' 분양을 할 정도였습니다.

그러나 집값은 2005년부터 오히려 시중자금이 몰리면서 다시 상승세로 돌아서 2007년에는 11.6% 상승률을 기록했습니다. 이런 급등은 2008년 상반기에 발생한 글로벌 금융위기 직전까지 이어졌습니다. 당시의 부동산 시장은 소위 '버블세븐'의 시장이었습니다.[31] 특히, 베이비 부머의 자녀 교육열로 중대형 평형의 상승 폭이 컸으며 버블세븐 지역에서 수도권 전체로 확산되었습니다.

2005년에서 2008년 금융위기 이전까지 수도권 아파트 매매지수는 약 45% 상승했습니다. 반면에 비수도권 주택가격은 제자리걸음을 했습니다.

그러던 중 2008년 미국발 글로벌 금융위기 사태[32]로 금융시장에 혼란이 오자 주식과 부동산 시장에도 한파가 몰아쳤습니다. 매수세가 실종되고 매물이 쌓이면서 버블이 붕괴되기 시작했습니다. 미분양이 급증하여 2008년 7월 기준으로 전국적으로 16만 호에 이르렀습니다.

---

30 노무현 정부 초기에는 규제의 성격을 갖고 있었으며 주로 LTV 규제강화, 양도세 강화, 분양가 상한제 확대 등이 핵심이었습니다.

31 서울의 강남, 서초, 송파, 목동과 수도권의 분당, 용인, 평촌 등에 과도하게 거품이 꼈다는 것을 말합니다.

32 2007년 미국에서 발생한 금융위기 사건으로, 2008년 글로벌 금융위기를 촉발하게 되었습니다. 미국의 주택담보대출 중에서 비우량 등급의 고객을 대상으로 하는 부동산 담보대출(서브프라임 모기지)이 부실화되면서 발생하였고 급기야는 2008년 9월 미국의 리먼브라더스가 파산하게 되어 세계적인 금융위기로 확산되었습니다.

그렇게 불던 찬바람은 2009년 하반기부터 수그러들기 시작하여 2010년에 접어들어 안정화되기 시작했습니다. 그러나, 다시 2012년 유럽의 재정위기로 인해 경제 전반에 위기감이 팽배해지고 시장이 주춤거리는 상황에서 세계 각국은 제로 금리정책과 양적완화 정책을 펼쳤습니다.

시장에 엄청난 유동성이 공급되면서 2013년이 되자 시장 분위기는 조금씩 변화의 조짐이 보이기 시작했습니다. 그러다가 2014년 하반기부터 정부시책[33]에 시장이 크게 반응하기 시작했습니다. 당시의 부동산 정책을 한마디로 요약하면 '공급 축소와 수요 촉진'으로 표현할 수 있습니다. 즉, 부동산 가격 부양책이라 할 수 있습니다. 향후 5-6년간에 상당한 수준의 공급절벽이 예상되었습니다.

2015년부터 서울 아파트의 매매가격이 오름세로 돌아섰고 2016년부터는 수도권까지 확산되어 상승 폭이 확대되었습니다.

## 2017년에서 2021년 하반기 대출규제와 금리인상 전까지

집값이 지속적으로 폭등을 하자 2017년에는 6.19대책, 8.2대책, 9.5대책, 10.24대책 등의 다양한 규제 정책이 쏟아져 나왔습니다. 대부분이

---

[33] 박근혜 정부 당시인 2014년 7월에 당시 최경환 부총리는 금리인하 및 부동산 대출 완화 정책을 펼치면서 위축되었던 경제를 활성화하기 위해 건설업을 중심으로 하는 경기부양책을 발표했습니다. (이를 '초이노믹스'라 부르기도 했습니다) 이로 인해 부동산 담보대출이 전년도에 비해 4배 이상 급증하기도 했습니다.

수요 억제형 대책이었던 것만큼 공급 부족에 대한 근원적 문제가 해결되지 않는 한 집값을 잡기에는 역부족이었습니다. 오히려 규제에 대한 내성만 잔뜩 키웠습니다.

이후에도 다음과 같이 다양한 정책들이 쏟아졌습니다.

| 년도 | | 대책 및 핵심 내용 |
|---|---|---|
| **2017년** | 6.19 대책 | 조정지역 확장, 전매제한 강화, LTV/DTI 요율강화 |
| | 8.2 대책 | 규제지역 확대, 양도세 강화, LTV/DTI 강화, 공공임대 공급 |
| | 9.5 대책 | 가계부채 종합대책 |
| | 10.24 대책 | 규제지역 대출상환능력 검증 강화 |
| | 11.29 대책 | 100만 호 공급, 무주택 · 실소유자 주거지원 확대 |
| | 12.13 대책 | 임대주택등록 활성화, 전세금 반환보증 활성화 |
| **2018년** | 6.28 대책 | 임차인 권리강화 모색, 재건축 초과이익환수제 예고 |
| | 7.5 대책 | 신혼 · 청년 주거지원 확대 |
| | 8.27 대책 | 서울 4개구 투기과열지구 지정, 조정대상지역 확대 |
| | 9.13 대책 | 종합부동산세 강화, 고가주택 세율 인상 |
| | 9.21 대책 | 수도권 30만 호 주택공급 |
| | 12.19 대책 | 3기 신도시 지정 |
| **2019년** | 1.9 대책 | 등록임대주택 관리 강화 |
| | 4.23 대책 | 공공임대 주거급여, 전월세 지원, 정비사업 임대비율 상향 |
| | 5.7 대책 | 11만 호 추가공급, 3기 신도시 추가 지정 |
| | 8.12 대책 | 민간택지 분양가 상한제 적용, 정비사업 전매제한기간 확대 |
| | 10.1 대책 | 규제지역 개인 · 법인 LTV 강화 |
| | 11.6 대책 | 민간택지 분양가 상한제 적용 확대 |
| | 12.16 대책 | 15억 원 주택구입시 주담대 금지 등의 종합 규제대책 |

| 년도 | | 대책 및 핵심 내용 |
|---|---|---|
| 2020년 | 2.20 대책 | 규제지역 확대, 대출 규제 강화 |
| | 5.6 대책 | 공공주도 재개발 추진 예고, 민간 정비사업 투명화 |
| | 5.20 대책 | 수도권 연평균 25만 호 공급, 공공재개발 도입 |
| | 6.17 대책 | 자금조달계획서 제출확대, 법인 규제 |
| | 7.10 대책 | 종부세 강화, 양도세·취득세 인상, 임대차 3법, 등록임대폐지 |
| | 8.4 대책 | 공공참여형 재건축 도입, 13.2만 호 추가 공급 |
| | 11.19 대책 | 조정대상지역 추가, 전세대책 |
| 2021년 | 2.4 대책 | 공공직접시행 정비사업, 대도시 주택공급 확대 |

지난 2017-2021의 폭등장은 근래 수십 년 만에 가장 뜨거운 장이었던 것은 분명합니다.

각 정책을 일일이 평가하기보다는 전체 흐름을 맥락적으로 요약해보면 다음과 같습니다. [34]

- 시중의 유동성이 날로 확대되고 소득 양극화가 심화되었다.
- 임대차3법과 전세대출 확대로 갭투자를 자극하게 되었다.
- 부동산 세금 규제가 가격 상승의 요인이 되었다.
- 규제 지역 확대가 폭등 지역을 확산시켰다.
- 임대사업자 제도는 매물 잠김을 유발하였다.

그 버블의 양이 어느 정도인지 절대적 평가는 불가능하지만 적어도 과

---

[34] '문재인 정부의 부동산 정책이 실패한 다섯 가지 이유', 한겨레신문, 2020.7.27.

옆집보다 잘 사는 부동산 투자비밀

도한 버블이 있었습니다.

다음 그림은 지난 20여 년 동안의 아파트 매매 평균 가격 변화를 나타내는 그래프입니다.[35]

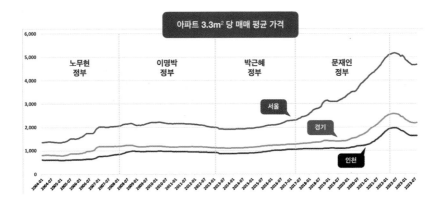

35    KB부동산 주택가격동향조사

# 2-부록

## 경기부양책

　일반적으로 침체된 경기를 부양하는 방법으로 **재정정책**과 **통화정책**을 이용합니다.

　**재정정책**은 정부가 직접 투자를 하여 고용을 늘리거나 각종 보조금 (지원금)을 통해 현금을 투입하는 방식을 얘기합니다. 정부의 재정이 튼튼해야 하며 과도한 재정정책은 정부의 부채를 늘어나게 하여 후에 더 위기에 대처하는 능력을 떨어뜨리는 부작용이 있습니다.

　**통화정책**은 중앙은행이 금리인하를 통해 돈을 풀어주는 것을 말합니다. 금리가 낮아지면 은행에서 돈을 빌리는 비용이 줄어들게 되어 투자나 소비를 촉진하게 됩니다. 그러나 과도한 금리인하는 시중에 유동성이 늘어나서 인플레이션을 유발하게 됩니다.

　또 다른 방법으로 양적완화(QE : Quantitative Easing) 방식이 있습니다.

## 양적완화

　중앙은행이 직접 시장에 개입하여 유동성을 공급하는 것을 말합니다. 보통 정부가 재정을 푸는 데 한계가 있거나 기준 금리를 내릴 때 활용합니다. 중앙은행이 화폐를 발행하여 국채나 민간 채권을 매입하거나 다른 자산들을 매입하는 방식으로 진행합니다. 이를 통해 기업이나 개인은 투자나 소비를 늘리게 되어 경기 활성화가 촉진됩니다. 반면에 자산에 거품이 생기고 인플레이션이 증가될 우려가 있습니다.

## 테이퍼링

　테이퍼링(Tapering)은 연방준비제도(Fed)가 양적완화 정책의 규모를 점진적으로 축소해나가는 것을 말합니다. 테이퍼링은 '점점 가늘어지다'라는 뜻으로 2013년 5월 당시 벤 버냉키 연준 의장이 언급하면서 유행하기 시작했습니다.

　실제로 2021년 12월 15일, 미 연준은 연방공개시장위원회(FOMC) 정례회의에서 기준금리를 연 0-0.25%로 동결하고 테이퍼링 속도를 현재의 두 배 수준으로 높이기로 하였습니다. 2020년 10월까지 월 1,200억 달러였던 자산 매입 규모를 2021년 11월부터 매달 150억 달러씩 줄이다가 2022년 1월부터 300억 달러씩 축소하기로 하였습니다. 이 말은 양적완화를 목적으로 매입했던 자산을 다시 매도한다는 뜻으로 시장에 풀렸던 현금을 회수하겠다는 뜻입니다.

　테이퍼링이 본격적으로 시행되면 투자자들은 금리인상을 예상해 자산을 매각하게 되고 신흥국에서 달러 자금이 빠져나가 일부 국가의 경우 외환위기를 맞게 될 가능성이 높을 것으로 예상합니다.

　이 때문에 시장에서는 연준에서 언제 테이퍼링을 실시할 지를 매우 예민하게 주시하며 증시는 테이퍼링 이야기만 나와도 공포심리에 휩싸이게 됩니다. 테이퍼링에 대해 발작적으로 반응하는 현상을 테이퍼 텐트럼(Taper tantrum), 즉 **'긴축 발작'**이라고 합니다. [36]

# 3

## 부채로 쌓아 올린
## 부동산 거품

오랜만에 찾아온 민정 씨의 휴식시간. 민정 씨는 소파에 비스듬히 누워 유튜브를 켭니다. 전세사기를 비롯한 각종 사기, 가짜뉴스 그리고 가계부채 이야기가 올라옵니다. 민정 씨는 자세를 고쳐 앉아 가계부채 영상을 시청합니다. 유튜브 알고리즘으로 더 많은 가계부채에 대한 영상이 스마트 폰에 뜹니다. 이런 이야기를 듣고 있노라면 내일 당장이라도 큰일이 나는 건 아닌가 싶어 괜히 불안해져서 계속 비슷한 영상만 찾아보게 됩니다.

첫 번째 부동산 투자가 실패로 돌아가고 민정 씨는 한동안 우울했습니다. 그러나 이 일을 계기로 앞으로는 남의 이야기나 뉴스만 믿기보다 직접 조사하기로 마음먹었습니다. 어차피 앞으로도 투자를 해야 한다면 계속 남의 말만 듣고 투자하는 것에는 한계가 있기 때문입니다. 자기만의 투자원칙이 필요하단 생각이 들었습니다.

## 3-1
# 부채발 부동산 폭등

| 부채의 순기능과 역기능

   경제활동에 있어서 빚(부채)은 없어서는 안 될 존재입니다. 부채를 통해 레버리지 효과를 활용하면 투자금대비 높은 수익을 얻을 수 있습니다. 이 외에도 대출은 통화량을 증가시켜 시중에 유동성을 공급합니다. 돈을 빌려갔던 차주가 대출을 갚으면 그 돈으로 다시 다른 차주에게 대출을 합니다. 이 과정에서 통화량이 불어나게 되는데 이를 **신용창조**라 합니다.[37]

---

[37]   지급준비제도 : 금융기관으로 하여금 지급준비금 적립대상 채무의 일정비율(지급준비율)에 해당하는 금액을 중앙은행에 지급준비금으로 예치하도록 의무화하는 제도를 말합니다. 2023년 1월을 기준으로 장기주택마련저축과 재형저축에 대한 지급준비율은 0%, 정기예금, 정기적금, 상호부금 등에 대한 지급준비율은 2%이고 기타 예금은 7%입니다.
신용창조 : 중앙은행에서 공급된 자금이 은행대출을 통하여 처음 발행한 금액의 몇 배 이상으로 시중 유동성이 증가하는 현상을 말합니다. 예금과 대출이 반복하게 되면 시중의 통화량이 늘어나게 됩니다.

그러나, 지나친 부채는 과도한 이자 부담과 채무불이행으로 이어질 수 있습니다. 이렇게 되면 기업과 가계의 수익률이 떨어지는 것은 물론이고 가처분소득이 줄어들어 정상적인 경제활동에 지장을 줍니다. 투자심리가 위축되고 금융 시스템의 불안정을 초래하여 경제 전반의 활력이 줄고 심한 경우에는 경기 침체로 연결되기도 합니다. 이러한 위험 때문에 각국 정부는 부채 관리에 심혈을 기울입니다.

## 한국의 가계부채 증가 추이

지난 1997년에 발생한 한국의 IMF 외환위기는 기업의 과잉 설비 투자와 부채의 부실관리로 일어났습니다. 이후 외환위기 사태가 진정되는 2000년부터 기업부채 대신 가계부채가 늘어나게 되었습니다. 가계대출의 연체율이 기업대출보다 낮기 때문에 은행 입장에서는 리스크 관리 차원에서 가계대출 위주로 영업방식을 변경하였습니다. 특히 주택담보대출의 증가세가 커졌습니다.

다음 그림은 지난 25년 동안 한국의 GDP 대비 가계부채 비율의 추이를 나타낸 그래프입니다.[38] 외환위기 이후와 최근의 코로나19 사태 이후에 가계부채가 급증했음을 알 수 있습니다.

---

38  BIS tradingeconomics.com

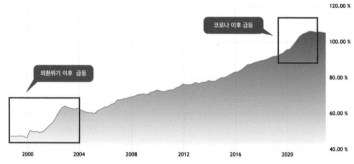

TRADINGECONOMICS.COM | BANK FOR INTERNATIONAL SETTLEMENTS

다음 그림은 주요 9개국의 GDP 대비 가계부채 비율이 어떤 추이로 변하는지를 나타낸 그래프입니다.[39] 한국의 가계부채가 중국과 더불어 꾸준히 증가하는 것을 나타내고 있습니다. 그런데 주목할 것은 코로나19를 지나면서 대부분의 국가는 GDP대비 가계부채가 줄어들었지만 한국은 증가했다는 사실입니다.

이는 주요 9개국 대비 한국의 가계부채에 거품이 있다는 것으로 추정해 볼 수 있습니다.

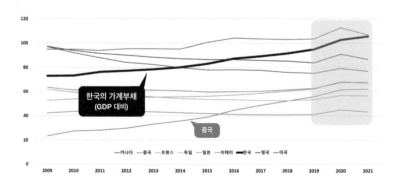

**39** BIS

옆집보다 잘 사는 부동산 투자비밀

## 대출 불균형과 한계 차주의 리스크

대출이 모든 차주(기업 또는 개인)에게 공평하게 분배되는 것은 아닙니다. 금융기관의 입장에서는 위험 관리 측면에서 신용도가 높거나 순자산이 많은 차주를 중심으로 대출을 해줄 수밖에 없습니다. 이로 인해 대출을 활용한 투자 등 경제활동 측면에서 빈부 격차는 더욱 커질 수밖에 없습니다.

다음 그림은 가구당 순자산 기준으로 1분위(하위 20%)에서 5분위(상위 20%)까지 가구당 평균 순자산액, 평균 부채액과 자산 대비 부채비율을 나타낸 그래프입니다.[40]

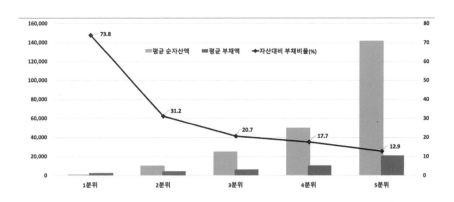

순자산이 많을수록 부채가 많고 순자산이 적을수록 부채가 적습니다. 그런데 위 꺾은 선 그래프가 나타내는 것처럼 고소득자(또는 고액 자산가)일수록 부채비율이 낮고 그 반대가 되면 부채비율이 높습니다. 이는 생활이 어려울수록 리스크 관리에 취약하다는 것을 말합니다.

---

40  KOSIS

그런데 일반적으로 순자산이 적을수록 부동산 자산도 낮기 때문에 설령 리스크 관리에 실패하더라도 부동산 경기 전반에 미치는 직접적인 영향은 크지 않습니다. 다만 간접적으로 경제 전반에 미치는 심리적 영향으로 부동산 매수세를 위축시킬 수 있다고 예상됩니다.

## ┃ 가계부채의 증가원인과 영향

다음은 지난 2023년 7월에 한국은행에서 발표한 **'장기 구조적 관점에서 본 가계부채의 증가원인과 영향 및 연착륙 방안'**이란 BOK이슈노트에 실린 내용 중의 일부입니다.

### 가계부채 증가의 원인

가계대출의 높은 수익성과 안정성으로 인해 금융기관은 가계대출을 선호하였다.
DSR 적용 등 차주 단위 대출규제가 뒤늦게 이루어졌다.
**저금리 기조와 전세대출 확대 등으로 주택 등에 대한 자산 투자가 확대**되었다.

### 거시경제적 영향과 전망

가계부채가 금융 불안정에 미치는 영향은 제한적임에도 불구하고 가계부채의 과도한 확대는 **장기성장세 제약, 자산불평등 확대** 등 부정적인 외부효과를 초래한다.
또한 우리나라 가계의 높은 실물자산 보유 비중 등을 고려하였을 때 단기간에 부채 규모를 GDP 규모 이내로 축소하기 어렵다.

2023년 9월에 한국은행이 발간한 **'통화신용정책보고서'**에는 우리나라 가계부채에 대하여 다음과 같이 우려를 나타내고 있습니다.

옆집보다 잘 사는 부동산 투자비밀

2022년 9월 이후 기타대출이 줄어들면서 완만한 감소세를 지속해오던 가계대출은 2023년 4월부터 **주택관련대출을 중심으로 증가 전환한 이후 증가폭이 확대**되고 있다. (중략)

한편 가계대출 연체율은 상승세가 이어지고 있다. 특히 **취약차주의 연체율은 전체 차주에 비해 빠르게 상승**하여 코로나19 이전 수준을 상회하는 것으로 나타나 부정적 소득충격이 발생할 경우 취약차주를 중심으로 가계대출 부실화 위험이 높아지고 소비 여력이 크게 위축될 우려가 있다.

**과도한 수준의 가계부채는 장기성장세를 저해하고 자산불평등을 확대**하는 등 우리 경제에 부정적인 영향을 미치는 만큼 중장기적 시계에서 디레버리징을 지속하기 위한 정책 당국간 일관성 있는 공조 노력이 필요하다고 판단된다.

여기에서 주목할 내용은 과도한 가계부채는 장기성장세를 저해한다는 것과 자산 양극화를 더욱 심화시킨다는 것입니다. 적절한 부채는 경제 활성화에 도움이 되기도 하지만, 부동산에 편중된 대출 확대는 오히려 부정적인 측면이 큽니다.

# 가계부채의 속 살

## 우리나라 가계부채의 실체

부채(대출)의 리스크 관리를 위해 그 규모를 정확히 파악하는 것이 중요합니다. 한국은행은 가계신용(Household Credit)과 가계부채(Household Debt)로 나누어 집계하고 있습니다.

가계신용은 금융기관 대출금[41]과 물건을 빌리거나 카드사용 금액(카드대금과 할부금)을 합한 것을 말합니다. [42] 가계부채는 가계신용에 소규모 개인사업자의 부채[43]와 비영리단체의 부채[44]를 합한 것으로서 국제기준으로 발표하는 것[45]을 말합니다.

---

[41]  은행, 저축은행, 보험회사, 공공기관 직접대출금을 말합니다.

[42]  물건을 빌려서 내는 비용, 자동차할부금, 카드대금, 카드 할부금 등을 통틀어서 '판매신용'이라 부릅니다.

[43]  복식부기를 적용하는 개인사업자 대출은 개인부채로 분류하지 않고 기업대출로 산정합니다.

[44]  비영리단체 : 가계에 봉사하는 단체로 한정되며 주로 소비자단체, 자선(구호)단체, 종교단체, 노동조합 등을 말합니다.

[45]  경제협력개발기구(OECD), 국제통화기금(IMF), 국제결제은행(BIS) 등에서 국가 간 비교를 할 때 사용합니다.

> 가계신용 = 금융기관 대출금 + 판매신용
> 국제기준 가계부채 = 가계신용 + 소규모 개인사업자 부채 + 비영리단체 부채

그런데, 위 가계신용이나 가계부채에는 복식부기를 하는 개인사업자[46]와 최근 급증한 1인 법인이나 가족법인[47] 등 사실상의 가계대출에 해당하는 부채는 빠져 있습니다. 게다가 세계적으로 유례를 찾기 어려운 전세 보증금 채무도 사인 간의 부채로 간주하여 빠져 있기 때문에 이를 합산하게 되면 그 규모는 더욱 늘어납니다.[48] (단 전세자금 대출금은 가계신용에 합산되어 있습니다.)

전국경제인연합회 부설 한국경제연구원(KERI)에 따르면 2021년 기준으로 대한민국 가계부채의 GDP 대비 비율은 105.8%로 OECD 국가 중 4위에 이르나, 전세 보증금을 포함하면 GDP 대비 156.8%로 1위에 등극하게 됩니다.

다음 그림은 OECD 주요 국가별 GDP 대비 가계부채와 가처분소득 대

46  개인사업자 중에서 매출액이 일정 금액을 초과하는 경우에는 복식부기의무자가 됩니다. 업종별로 매출액 기준은 다릅니다. 또한 의사, 약사, 변호사, 세무사 등은 무조건 복식부기의무자에 해당합니다. (국세청)

47  1인 주주 법인이나 가족 주주 중심의 법인으로 취득세나 양도세 등을 줄이고 사업자 대출을 위한 명의 분산 등을 목적으로 하는 법인을 말합니다.

48  일부 의견으로서 전세 보증금은 주택 합산 가액 중에 일정한 비중을 차지하는 고정된 가치에 해당하는 것으로서 집값이 큰 폭으로 떨어지지 않을 경우 걱정할 필요가 없는 사적 금융이라 판단하는 경우도 있습니다. 중장기적으로 전세시장이 월세나 반전세 시장으로 이동하는 경향을 고려하면, 전세 보증금도 가계부채에 포함하는 것이 중장기적인 리스크 관리차원에서 안전하다 할 것입니다.

비 가계부채를 나타낸 그래프입니다. 그래프에서 한국 A는 전세 보증금을 포함한 것이고 한국 B는 전세 보증금을 포함하지 않은 것을 나타냅니다. 전세 보증금을 포함했을 경우에는 GDP 대비, 가처분소득 대비 둘 다 가계부채가 최고 수준입니다.[49]

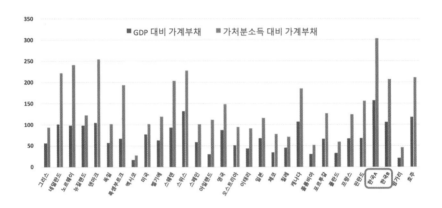

## 부채주도 성장의 명암

부동산 부양정책은 산업 유발효과가 큽니다. 특히 주택의 소비를 늘릴 경우, 가정용 내구재 소비도 늘어나게 되어 내수산업의 활성화로 연결되고 고용창출 효과를 유발하기도 합니다. 부동산 부양정책을 다른 말로 표현하면 가계부채 주도 성장정책이라고도 할 수 있습니다. 단 이는 꼭 필요할 때만 사용해야 합니다. 소비와 투자의 원천이 미래소득을 담보로 한 부채에서 시작되기 때문입니다.

---

**49** GDP대비 자료출처는 BIS, 가처분소득 대비 자료출처는 OECD DATA이고, 가처분소득 자료에서 일본, 뉴질랜드, 칠레, 멕시코, 콜롬비아 자료는 2020년 기준입니다.

따라서 감당할 수 있는 범위 내에서 부채를 이용한다면 문제가 없지만 그 범위를 넘어설 때는 오히려 악영향을 줄 수 있습니다. 과도한 부채로 인한 가계파산, 소비침체, 금융권 부실 확대 등으로 이어지고 이는 경기 침체와 투자 감소를 유발합니다.

내수경제를 활성화하는 방법으로는 서비스업 육성이 일반적이지만, 많은 시간이 걸리고 임금 등의 고정형 비용이 상승하여 고비용 구조로 전환되기 쉽습니다. 이로 인해 제조업의 경쟁력이 약화됩니다.

과도한 가계부채는 이미 여러 나라에서 금융위기의 원인이 되어 실물경제에 커다란 충격을 주었습니다. 2008년 미국발 금융위기가 대표적인 사례입니다. 미국은 금융위기 이전 주택담보대출이 빠르게 증가하며 국내총생산(GDP) 대비 가계부채 비중이 2008년 초에는 거의 100%까지 증가했습니다. 이런 가계부채의 급증으로 미국은 2008년 9월 리먼 사태에 따른 대규모 금융위기를 맞이했고 그 결과 2009년에는 마이너스 2.8%의 역성장을 기록했습니다.

따라서 가계부채가 과도해지는 것을 억제하는 정부의 정책이 중요합니다. 글로벌 금융위기의 충격이 컸던 미국·아일랜드·스페인 등 여러 나라는 가계부채 비율을 크게 줄여왔습니다. 그러나 앞서 살펴본 바와 같이 한국은 여러 위기 이후에도 오히려 GDP 대비 가계부채가 세계 최고 수준이 되었습니다.

더욱 걱정되는 점은 한국의 가계부채 총량이 크게 과소 평가됐을 수 있다는 것입니다. 전세제도에 따른 사적 부채와 개인화된 사업자 대출

등이 잠재적인 위험 요소입니다.

물론 적절한 규모의 부채는 경제 전반에 좋은 영향을 끼칩니다. GDP 대비 가계부채 비율이 1% 증가하면 미래의 경제성장률(5년 연간 경제성장률)은 평균적으로 0.097% 증가하는 것으로 나타나 경제성장에 긍정적인 영향을 미치는 것으로 알려져 있습니다. 그러나 GDP 대비 가계대출이 90% 이상인 경우에는 그런 긍정적인 효과가 나타나지 않는 것으로 알려져 있습니다.[50] 우리나라의 경우 실질 가계부채는 이를 초과했기 때문에 향후 가계부채 관리를 강화해야 하는 것으로 조사되었습니다.

잊혀지지 않는 영화 대사가 있습니다. 바로 2018년 11월에 개봉한 영화 '국가부도의 날'의 마지막 대사입니다. "위기는 반복돼요. 위기에 또 당하지 않기 위해서는 잊지 말아야 해요. 끊임없이 의심하고 사고하는 것, 그리고 항상 깬 눈으로 세상을 바라볼 것. 저는 두 번은 지고 싶지 않거든요."

## 빚 권하는 사회

빚은 사회의 경제성장이나 개인의 경제활동에서 긍정적인 부분이 있습니다. 그러나 무분별한 부채 확장은 경제 수축기나 버블 붕괴 시 엄청난 부담으로 부메랑이 되어 돌아옵니다. 다음은 2019년부터 2021년까지 언론 매체를 통해 소개되었던 다양한 뉴스를 정리한 것입니다. 반드

---

**50** 해외 주택금융정책 비교 분석 연구 : 주택담보대출을 중심으로, 2021, 국토연구원

시 되돌아볼 내용입니다.

> **집값은 안 기다려준다 … 대출 적극 활용하라** 〈한국경제신문, 2019.5.6.〉
>
> 대출을 받아서 자동차를 사거나 여행을 다니면 이건 소비성 지출이에요. 이건 굉장히 지양해야 해요. 대출을 받아서 내 집 마련을 한다면 이건 저축성 지출로 봐야해요. 또 매월 원리금을 상환하기 때문에 **빚 갚는 속도가 모으는 속도보다 빠르다**는 얘기예요. 저는 대출 끼고 내 집 마련하라고 적극적으로 말씀드리고 싶어요.

> **이자보다 더 오른 '주택값' … 빚 더 낼수록 돈 더 벌었다**
> 〈헤럴드 경제, 2020.7.22.〉
>
> 각종 규제로 대출 증가율은 둔화됐지만, 대출 총액은 계속 늘었다. 대출이 늘어도 이자 부담은 오히려 줄었다. 2011년 주담대 이자율은 5.20%이었지만 2019년 평균 주담대 이자율은 3.03%로 뚝 떨어졌다.
> **대출 총액보다 집값이 훨씬 더 가파르게 오른 점을 감안하면, 돈 빌려 집을 샀다면 이자비용을 훨씬 뛰어넘는 평가이익을 거둘 수 있었던 셈이다.**
> 주담대 통계에는 잡히지 않지만 사실상 차입효과를 일으키는 전셋값이다. 집값에서 전세 보증금이 차지하는 비율이 높아지면 주담대 비율이 떨어질 수 있다. **이른바 갭 투자를 했다면 큰 수익을 볼 수 있었다는 뜻이다.**
> 부동산 업계 관계자는 **"주택을 담보로 대출을 받아 집을 샀을 경우 지난 10년 사이 큰 수익을 볼 수 있었던 반면 집이 없었던 이들은 상대적으로 손해를 보게 된 것이 현재의 부동산 상황"**이라고 설명했다

## 시한폭탄이 된 가계부채를 피할 수 있나

미국을 비롯한 서구의 주택담보대출은 대부분 장기 고정금리와 원금 분할상환 대출이 일반화되어 있습니다. 그러나 우리나라의 경우에는 변 동금리와 일정 기간 거치 후 원금분할상환 방식인데 이는 금리 급등 시 고스란히 가계에 부담으로 돌아옵니다.

더군다나 2023년 초에 DSR 규제를 적용받지 않는 특례보금자리론[51] 을 도입하여 부동산 시장 연착륙을 유도한 결과 오히려 가계부채가 증가 하였습니다.[52] 그리고 2022년 빌라왕 전세 사태로 역전세가 부동산 가

---

[51] 2023년 1월 30일, 1년간 한시적으로 운영할 목적으로 도입되었으며 연 4%대 고 정금리가 적용됩니다. 기존 보금자리론에 안심전환대출, 적격대출 등 정책모기지를 통합한 상품입니다. 고소득자에 편중된다는 비판과 집값 상승 및 가계부채 증가의 원인으로 인식되기도 했습니다.

[52] 금융위원회 2023년 7월 12일 보도자료

격의 폭락을 초래할 수 있다는 지적이 나오자 임차인들에게 보증금을 반환하려는 임대인들에게 DSR 적용을 받지 않는 전세자금 반환대출[53]을 실시하는 데다 DSR을 우회적으로 완화시키기 위한 40년, 50년의 초장기 주택담보대출이 시판됨으로써 가계부채 디레버리징 기조는 유명무실해지고 있습니다.[54]

또한 DSR 도입 이전까지 일선 금융회사의 가계대출 취급 과정에서 상환능력 심사가 충분히 이루어지지 못했던 측면이 있었습니다. 그 결과 차주의 상환능력을 벗어난 과잉대출이 취급되거나 담보 가치(LTV)에만 의존해 대출이 이루어지는 경우가 있었습니다. 게다가 제2금융권인 상호금융이나 저축은행 등에서는 DSR이 상당히 높게 적용됐습니다.

가계부채는 언제 터질지 모르는 시한폭탄입니다. 앞서 살펴본 대로 미국 등 선진국은 글로벌 금융위기와 코로나19 사태를 거치면서 가계부채가 축소되었지만 우리는 이 과정을 거치지 못했습니다. 특히 앞서 살펴본 것처럼 높은 가계부채 리스크를 안고 있는 한계 차주의 신용경색은 경제 전반에 악영향을 끼칠 수 있습니다.[55]

---

53  지난 2023.7.4. '2023년 하반기 경제정책방향'에서 보증금 미반환 문제를 해결하기 위한 대책을 내놨습니다. 1년간 한시적으로 전세 보증금 반환목적 대출에 한해 DSR 40% 대신 DTI 60%를 적용하는 내용입니다. DSR 규제을 완화하겠다는 것입니다.

54  금융위원회 2023년 7월 26일 보도자료

55  한계 차주에 대한 가계부채 크기는 그 절대규모가 크지 않기 때문에 경제 전반에 주는 위험이 크지 않을 것으로 예측하는 의견도 있습니다.

## 빚투는 당연, 영끌과 투자 원정대

저금리 기조에서는 빚투(빚내서 투자)는 당연하고 영끌[56] 투자가 부러움의 대상이 되었습니다. '벼락거지'라는 신조어가 나오는 상황에서 최대한 돈을 끌어모아 집을 사두지 않으면 부의 계층 사다리에서 낙오될 것 같은 불안감이 팽배했습니다.

서울 아파트가 급등하자 2-30대의 신흥 매입세력은 빠른 정보력과 순발력으로 무장하여 서울 외곽지역으로 퍼져나갔으며 상대적으로 가격대가 낮고 규제가 덜한 수도권으로 원정투자에 나서기도 했습니다. 특히 GTX가 들어서는 신도시 호재 지역에서 두각을 나타냈습니다.

이런 현상을 두고 대출금리 인상, 시장 침체 등으로 아파트 값이 하락할 경우 '하우스 푸어'(집을 보유한 가난한 사람)가 대거 양산되는 것 아니냐는 우려가 나오기도 했습니다. 그럼에도 아직 '하락전조'는 아니라는 의견들이 꾸준하게 각종 매체[57]를 통해 전파되었습니다. 저금리 기조에서 시장의 유동성은 아직 충분한데 수도권에서 아파트 공급은 부족하다는 것이 그 이유였습니다.

---

56   영혼까지 끌어모아 최대한의 자금을 확보하여 투자하는 것을 말하는 것으로 1금융권은 물론이고 2금융권과 캐피탈까지 일반적으로 안정권이라 여겨지는 금융권의 범위를 넘어서면서 자금을 끌어들이는 것을 말합니다.

57   youtube, SNS, 각종 경제 관련 방송 인터뷰, 부동산 관련 강의 등

한국부동산원 자료에 따르면 2021년의 2030세대의 아파트 매입 비중은 2019년과 2020년에 비해 크게 증가한 것으로 나타났습니다. 서울 및 수도권의 직주근접 도심이나 전셋값이 높고 집값은 상대적으로 낮은 지역의 매입 비중이 높았습니다. 특히 서울의 매입 비율은 41.7%로 2년 전인 2019년의 31.8%보다 10%포인트 급증했습니다. 즉, 2021년 서울에서 거래된 아파트 10채 중 4채 이상은 20 · 30세대가 사들인 것입니다.

결국 2021년 겨울부터 금리인상이 점쳐지면서 금리변동에 취약한 '영끌', '빚투', '신용대출' 차주들이 직격탄을 맞을 것으로 예상되었습니다. 국회예산정책처가 발표한 **'경제 · 산업 동향과 이슈'**(2021.9. 제21호)에 실린 **'금리인상에 따른 가계부채 이자 상환 부담 분석'**은 다음과 같이 지적하고 있었습니다.

우리나라 가계대출 잔액의 약 73.5%(2021년 7월 기준)가 변동금리대출로 구성되어 있기 때문에 금리 인상은 가계의 이자상환부담에 영향 미칠 것으로 예상된다. 또한 가구주 연령대가 40대인 가구, 소득 5분위가구, 상용근로자 가구의 이자상환 부담이 가장 큰 것으로 분석된다. 금리인상에 따른 취약계층 및 자영업자의 신용위험 증가와 소비위축에 대응하여 면밀한 모니터링과 함께 정책적 대응을 강구할 필요하다.

2021년 가을이 되면서 빚투·영끌족 리스크에 대한 기사가 폭발적으로 늘었습니다. 금리인상에 대한 공포심이 확산되었고 투자금이 물리면서 묻지마 투자에 대한 경각심이 일깨워졌습니다.

2021년 봄과 가을의 뉴스 기사를 비교해보면 불과 6개월 만에 엄청난 변화가 있었음을 알 수 있습니다.

"올 연말·내년 기준금리 오를 것" 전망 … 영끌·빚투족 비상
〈2021.10.7. 아시아 경제〉

주담대 변동금리 5% 넘었다 … "영끌족, 어쩌나"
〈2021.12.20. 서울이코노미 뉴스〉

가계부채는 역대급인데 이자 부담 ↑ … 빚투·영끌족 '한숨'
〈2021.11.25. 아주경제〉

대출금리 6% 영끌족 비상 … 58조 '코로나 빚' 자영업자 한숨
〈2021.11.26. 중앙일보〉

옆집보다 잘 사는 부동산 투자비밀

# 3-3
# 전세제도의 명암

## ▌ 전세제도

전세제도는 거의 한국에서만 존재하는 임대차계약의 한 형태입니다. 해방 이후 고도 성장기에 접어들면서 급속한 도시화와 함께 내 집 마련 자금이 부족한 서민의 주거안정에 큰 기여를 해왔습니다. 형편이 어려운 임차인 입장에서는 월세보다 비용이 적게 드는 주거 수단이었기 때문입니다. 또한 정부 입장에서도 돈 한 푼 안 들이고 임대주택을 공급할 수 있었습니다.

전세 임차인은 민법에 의한 계약으로만 인정을 받다가 1981년 주택임대차보호법 제정으로 그 권리를 적극적으로 보호받게 되었습니다. 또한 임대인이 전세 보증금이나 월세를 큰 폭으로 올리지 못하도록 제한하기 위하여 2020년에는 임차인의 계약갱신요구권을 보장하는 것을 포함하여 소위 '임대차 3법'이 제정되었습니다.

현재 전세 보증금의 규모는 약 900조-1,100조 원으로 추산되고 있습니다.[58] 그러나 임대차 3법의 부작용으로 인해 그 규모는 더욱 커졌을 것으로 판단하고 있습니다.

## ▎전세제도의 구조적 문제점

전세제도는 우리나라 주거형태의 큰 축으로 자리 잡고 있지만 다음과 같은 구조적인 문제점이 있습니다.

> 첫째, 전세 보증금은 일종의 사적 부채(대출)로서 가계부채에 부담을 줄 수 있다.
> 둘째, 전세가율이[59] 높으면 적은 돈으로도 집을 살 수 있는 소위 '갭투자'를 촉발시킨다.
> 셋째, 전세제도를 악용한 전세사기로 서민의 주거환경을 불안하게 할 수 있다.
> 넷째, 주택시장에 매매시장과 전세시장이 혼재되어 시장의 변동성이 커질 수 있다.

집값에 비해 전세가격이 높으면 적은 돈으로도 집을 살 수 있기 때문에 소위 '갭투기'를 촉발할 수 있습니다. 심지어 매매가보다 전세가격이 높으면[60] (특히, 매매시세를 쉽게 가늠할 수 없는 빌라) 오히려 임차인의 돈으로만 집을 또 살 수 있는 상황이 벌어져서 거래시장을 왜곡시켜 잠재적 리스크가 되기도 합니다.

전세 보증금은 임대인의 입장에서 사적 채무(무이자 대출)가 됩니다. 그

---

58 출처 : KB금융지주경영연구소, 한국경제연구원 등
59 전세가율 : 주택 매매가격에 대비한 전세가격의 비율
60 시중에서는 이를 '플러스피 투자, 플피투자'라고 부릅니다.

러나 전세가격이 내려가면 임차인에게 그 차액만큼을 되돌려주어야 하는 부담이 생기므로 소위 '역전세'나 '깡통전세'의 위험이 있습니다.

제일 위험한 상황은 집값과 전세가격이 동반 하락할 때입니다. 집값이 하락하면 임대인 입장에서 자본손실이 발생하게 되는데 만약 전세가격마저 떨어진다면 임차인에게 그 차액만큼 보증금을 돌려줘야 하므로 임대인 입장에서는 진퇴양난의 리스크에 빠집니다. 임차인 입장에서도 보증금을 돌려받을 수 없게 되는 리스크가 생깁니다. 실제로 지난 2022년 하반기에는 집값과 전세가격이 동시에 하락하여 사회적으로 역전세난이 큰 이슈가 되었습니다.

다음 그림은 주요지역 아파트 전세평균가격의 변동추이를 나타낸 그래프입니다.[61] 2020년 7월부터 시행된 임대차 3법으로 인해 전세가격이 급등했으며 2022년 하반기부터 떨어진 상황을 알 수 있습니다. 최근 2023년 여름부터 다시 소폭 오르는 경향이 보입니다.

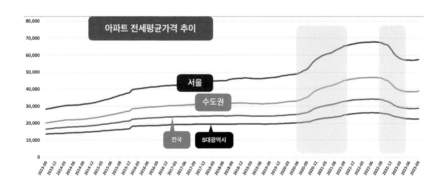

---

61    출처 : KB국민은행 데이터허브

다음 그림은 주요지역 아파트 전세가율의 변동추이를 나타내는 그래프입니다.[62] 2020년 하반기에 전세가율이 급등했는데, 2022년 하반기에 아파트가격이 하락하는 것에 비해 전세가격 하락 폭이 작기 때문에 오히려 전세가율은 소폭 반등했습니다.

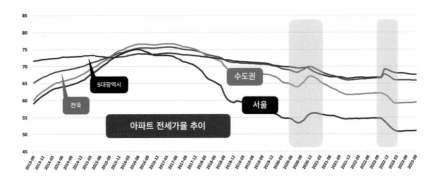

전세 받아서 분양값 치른다 … "돈 한푼 없이…" 〈2020.6.10. 아주경제〉

사실상 청약만 당첨되면 **전셋값으로 분양가격 대부분을 치를 수 있다**는 의미다. 실제로 일부 단지는 **계약금만 내면 중도금과 잔금을 치르고 계약금마저 회수할 수 있었다.**

1억으로 10채 산다…정부 규제 비웃는 갭투자자들 〈2020.6.22. 한국경제〉

전세대출은 갭투자자들의 밑천이다. 주택을 매입할 때 투입비용을 낮추려면 매매가격 수준만큼 높은 전세가격을 치를 세입자가 필요한데, (중략) 전세대출이 갭투자자들의 진입장벽을 낮춰주는 유동성으로 활용될 수 있는 셈이다.

**62**　출처 : KB국민은행 데이터허브

## 전세자금 대출이 불러온 위기

전세자금 대출은 IMF 외환위기 이후 급등한 전세가격에 대한 서민의 주거안정을 위하여 활용되게 되었습니다. 당시 저금리 기조와 맞물려 전세자금 대출이 쉬워지면서 임차인의 전세금 마련 부담이 줄어들었습니다.

그런데 당초 취지와는 다른 현상들이 나타났습니다. 즉, 임차인이 좀 더 나은 입지[63]의 전셋집을 얻으려 하자 전세가격 상승요인이 되었으며 이는 매매가격 상승으로 이어지는 양상을 보였습니다.

또한 전세가격 상승에 따른 갭투자에 영향을 끼치기도 했습니다. 주택담보대출 규제가 강화되면서 은행대출 대신에 세입자의 전세대출을 레버리지로 활용하게 된 것입니다. 전세자금대출은 원리금 상환이 아니라 월 이자만 납부하면 되고 차주의 DSR 산정에도 반영이 안되므로 갭투자를 촉발하게 되는 부작용을 일으켰습니다.

이런 현상은 특히, 2020년 7월에 시행된 임대차 3법으로 전세가격이 급등하게 되자 더욱 두드러졌습니다. 2023년 8월말 기준으로 5대 시중은행의 전세대출잔액은 약 122조에 달하는 것으로 알려졌습니다.[64]

주택 매매가격과 전세가격이 하락하기 시작하면서 이런 구조적인 리스크가 부동산 시장에 큰 악재로 작용하게 되었습니다. 즉 상승장에서는 큰 염려를 하지 않았지만 하락장에서는 투자 심리를 급격히 위축시켰습니다. 바로 '역전세(깡통전세)'에 대한 우려입니다.

---

63   직주근접, 학군, 생활 인프라 등
64   2023.10.2. 파이낸셜뉴스

## 전셋값 상승 vs 역전세 대란

일반적으로 매매가 대비 전세가율이 높으면 부동산 상승장에서는 갭투자가 성행하게 됩니다. 전세 보증금만큼의 무이자 레버리지 효과가 있기 때문에 매매대금대비 소액으로 투자할 수 있습니다. 이런 현상은 특히 지난 2020-2021년에 두드러졌습니다.

그러나 2022년 기준금리가 높아지면서 이자에 대한 부담으로 전세수요가 줄어들고 하반기에 전세사기에 대한 사회적 파장으로 전반적으로 전세가율이 낮아지게 되었습니다.

게다가 임대차 3법이 시행되면서 2020년 하반기부터 전세 보증금이 폭등하게 되어 2023-2024년에 걸쳐 역전세에 대한 우려가 팽배해진 것 또한 큰 부담이 되었습니다.

그러나 2023년 가을로 접어들면서 지역에 따라 전세가가 다시 오르는 지역이 생겨나 있어 역전세에 대한 우려가 생각만큼의 큰 위험은 아니지만 2024년 상반기까지는 여전히 부담으로 남아 있는 것은 사실입니다. 다음 그림은 주요지역의 전세가율 변화입니다.[65]

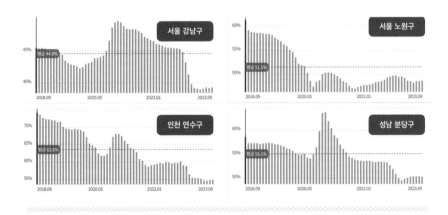

---

**65**  출처 : 리치고

## 역전세 우려와 진단

2022년 하반기부터 전세가격이 하락하면서 부정적인 전망이 쏟아져 나왔습니다. 집값이 곤두박질하고 전세가격마저 하락하자 만기도래하는 임차인들이 '계약갱신청구권'을 사용하지 않고 오히려 전세가격이 싼 곳으로 옮겨가거나 또는 임대인에게 차액만큼 돌려달라는 요구가 전세시장에 혼란을 주기 시작했습니다. 게다가 2022년 말에 크게 사회적 이슈가 되었던 '빌라왕' 사건 등과 같은 전세사기 문제로 전세계약보다는 월세(또는 반전세)계약이 많아지면서 임대인 입장에서는 보증금 반환이라는 부담이 생겼습니다.

정부는 높은 가계부채 상황임에도 부동산 시장 안정화를 위해 한시적으로 전세자금반환을 위한 대출을 도입했습니다. 덕분에 임대인은 보증금 반환을 위해 보유주택을 급매로 처분하지 않더라도 전세 보증금 반환금을 마련할 수 있게 되었습니다. 이런 대책에 일부에서는 정부가 시장 논리에 맡기지 않고 인위적으로 시장에 개입하여 가뜩이나 커진 '가계부채' 폭탄을 임시방편으로 미루었다는 의견도 있습니다.

2023년에 부동산 시장을 불안하게 만든 역전세에 대하여 한국은행은 다음과 같이 진단·분석하고 있습니다.[66]

향후 전세가격이 2023년 3월 수준을 지속할 경우, 임대인이 세입자에게 반환해야 할 보증금 차액 규모는 2023년중 연간 24.2조 원으로 추정되며, 이는 동 기간 중 만기가 도래할 것으로 추정되는 전체 전세보증금(288.8조원)의 **약 8.4% 수준**이었다. 시점별로는 전세가격이 2년 전 수준을 하회하였던 2022년 4/4분기에 보증금 반환 규모가 처음 (+)값으로 전환된 이후 2023년 4/4분기까지 증가하다가 이후 점차 감소할 것으로 예상된다. (중략) 수도권에서 전세 보증금 반환 부담이 크게 나타났다. 다만, **향후 전세가가 회복될 경우에는 반환부담이 예상수준보다 축소될 수 있다.**

**임대인의 보증금 반환 능력은 보유 자산 규모 및 차입능력 등을 감안할 때 대체로 양호한 상황인 것으로 평가된다.** 가계금융복지 조사 자료를 활용하여 가구의 보증금 반환능력을 시뮬레이션한 결과, 2023년말 전세가격이 2022년 3월 대비 10-20% 하락할 경우에도 임대인(116.7만 가구)의 대다수가 **보유 금융자산과 추가 차입 등을 통해 보증금을 반환할 수 있는 것으로 평가**되며, 차입 후에도 보증금 반환에 어려움을 겪을 가능성이 있는 가구의 비중은 약 4.1-7.6%(4.8-8.8만 가구)로 추정되었다. 이와 같은 **전세 보증금 반환 자금의 부족은 임대인의 경우 부채증가 및 순자산 축소로, 임차인의 경우 보증금 손실 가능성 증대 등으로 이어질 수 있다.**

---

[66] 금융안정보고서, 2023.6. 한국은행

즉, 전세가격이 떨어진 현 상황을 살펴보면 대부분의 임대인이 떨어진 보증금 차액을 돌려주는 데 큰 문제는 없어 보이지만, 어쨌든 집값 하락과 전세가격 하락으로 임대인은 자산이 축소되었습니다.

현재 정부가 한시적으로 전세 보증금 반환 대출의 물꼬를 터준 상황에서 일시적으로 역전세 사태를 심각하게 겪을 확률은 줄었지만, 만약 2024년 하반기에 부동산 시장이 다시 혼란에 빠져들면 역전세 사태가 일어날 가능성이 있습니다.

또한 임대인에게는 반환 보증금만큼 부채가 늘어났기 때문에 부동산 투자 여력이 감소한 것은 분명합니다.

# 4

## 폭등장에 갇혔던
## 투자 심리

"자꾸 오른다. 지금이라도 그냥 사자!"

2021년 8월. 민정 씨 부부는 어렵게 의견 일치를 보았습니다.

그 주말에 민정 씨 부부는 부동산에 들렀습니다. 민정 씨 남편 친구가 최근에 광명 아파트를 팔았는데 단지 리모델링 이슈가 있어 1억 5천이나 집값이 올랐다고 했습니다. 친구에게 부동산 직원까지 소개받았습니다. 그 직원은 자신도 해당 단지 아파트를 샀다며 집을 살 것을 강력히 권유했습니다. 집 내부를 둘러보고 하루 정도 망설이는 사이 집이 다른 사람에게 팔렸습니다.

다급해진 민정 씨는 다른 부동산에 전화를 했습니다. 사장님은 더 좋은 물건이 있다며 민정 씨에게 빨리 오라고 재촉했습니다. 20년이 넘은 복도식 아파트였지만 위치도 좋고 앞으로 계속 아파트 가격이 오른다는 말에 위치나 교통정보와 같은 기본적인 조건도 제대로 알아보지 않고 가계약금을 보냈습니다. 100만 원이면 집 주인이 계약을 깰 수 있으니 가계약금은 300만 원으로 하라는 말에 민정 씨는 300만 원을 가계약금으로 보냈습니다.

# 폭등의 끝자락

## 갑작스런 거래량 급감 : 2021년 8월

2021년 8월, 대부분이 집값 상승을 기대하는 여름에 접어들면서 아파트 거래량이 급감하기 시작했습니다. 최소한 월평균 5,000건 이상이었던 거래량이 1/5 수준으로 떨어졌습니다. 다음 그림은 그 1년 전인 2020년 8월부터 서울 지역 월별 아파트 (매매기준) 거래량을 나타내는 그래프입니다.

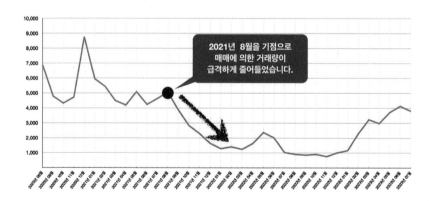

당시 거래량 급감에 대한 다양한 해석과 전망이 나왔습니다. 과도한 상승에 대한 경계심리로 추격매수가 멈췄다는 의견도 있지만 공급 부족에 따른 일시적 매물 잠김으로 집값 상승은 계속될 것이라는 의견도 있었습니다.

씨마른 서울 아파트 매물, … 팔리면 신고가 〈2021.9.2. 한국경제신문〉

서울 아파트 거래량이 급감하고 있다. 매물 잠김현상이 심화하면서 수급불균형에 따른 집값 상승세가 지속될 것이란 관측이 나온다. (중략) **거래절벽 속에 신고가 매매가 속출**하고 있다. (중략) 특별한 사정이 있지 않은 이상 집주인들이 매물을 내놓지 않으려고 한다. 업계에서는 **거래 침체 속 집값 상승세가 지속**될 것으로 보고 있다.

즉, 위 기사와 같이 거래량 감소가 또 다른 상승의 전조 증상으로 간주되면서 다시 상승장에 대한 기대가 커졌습니다. 그런 기대 심리는 인천까지 확산되었습니다. 특히 비교적 인프라가 잘 갖추어져 있고 GTX-B 노선이 들어설 예정이며 계속되는 인구유입으로 외연이 확장되고 있는 인천 연수구 송도 지역이 주목을 받았습니다.

뜨거운 송도 아파트값 … 2주 만에 13억→14.7억 원 '껑충'
〈2021.10.7. 아시아경제〉

'인천의 강남'으로 불리는 송도국제도시의 국민평형인 84㎡(전용면적) 값이 올 들어 많게는 4억 원 이상 뛰면서 일부 단지는 15억 원 돌파를 눈앞에 뒀다.

또한 그동안 큰 관심을 받지 않았던 파주 지역도 급격한 폭등장을 이어갔습니다.

> "파주지세 무섭네" … 운정 33평 1년 새 6.5억→9.1억 껑충
> 〈2021.11.1. 매일경제〉
>
> KB부동산 자료에 따르면 파주시 집값은 올해 들어 지난달까지 약 9% 상승해 이미 작년 한 해 상승률(7.77%)을 뛰어 넘었다. 아파트값도 12.90%가 올라 지난해 상승률(11.48%)을 웃돌았다.

## 매수세력의 약화 : 2021년 가을

그러나 막상 2021년의 여름이 지나고 가을로 접어들면서 집값이 주춤거리기 시작했습니다. 서울을 포함한 수도권 아파트값의 상승 폭이 축소되기 시작한 것입니다. 집값이 고점에 이르렀다는 인식이 확산하고 대출 규제까지 겹치면서 매수심리가 위축된 것으로 해석됩니다. 마침 가을 이사 철이 끝나면서 전셋값 상승세도 멈추었습니다.

다음 그림은 KB월간 아파트 매매지수를 나타내는 그래프입니다.[67]

---

[67] 2022년 1월을 기준시점 100으로 하여 산출한 변화추이를 나타냅니다

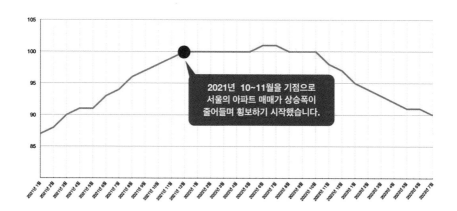

게다가 금리인상에 대한 우려와 다음 해인 2022년 3월에 있을 대선에 대한 불확실성으로 투자 심리가 관망세로 돌아서면서 소위 '거래절벽'이 현실화되었습니다. 그간의 상승장에 기대었던 매도세력은 좀처럼 매도 호가를 낮추지 않았던 반면에 미래를 불안하게 전망하는 매수세력 간의 인식이 커졌습니다.

시장은 그야말로 혼조세였습니다. 일부 지역에서는 급매물이 거래되면서 가격 조정이 이뤄지는가 하면, 입지가 좋은 지역에서는 미래 기대치를 반영한 신고가가 경신되었습니다.

시장은 분명 혼란이었음에도 소위 '전문가'들은 엄연한 현실로 다가온 주택시장의 한파를 외면했습니다. 즉, 일시적으로 거래는 다소 위축되었지만 공급물량 감소와 3기 신도시의 실현 가능성이 불투명하다는 이유로 아직은 집값 하락의 시그널로 받아들이기 어렵다는 것이 이유였습니다.

## 뚜렷해진 하락 조짐 : 2021년 겨울

그러던 중 한국부동산원에서 매주 발표하는 공동주택 매매수급지수[68]가 뚜렷하게 '팔자'로 돌아섰다는 보도가 나왔습니다. 보도의 핵심은 다음과 같습니다.

서울에서는 5개 권역 전부가 수치가 100 밑에 머물렀고 지방에서는 특히 세종시가 전국에서 가장 낮은 수치를 나타냈고 대구가 두 번째로 낮았다. 상승세가 컸던 경기도와 인천도 매수세가 빠르게 위축되며 가격 상승 폭도 큰 폭으로 둔화되었다. 집값이 저렴하다고 인식되어 한때 '패닉바잉'(공황구매) 행렬이 이어진 '노도강'(노원 · 도봉 · 강북)마저 하락세로 돌아섰다.

그럼에도 여전히 일부 지역에서는 신고가 거래 뉴스가 나왔습니다. 애써 이런 현상을 '똘똘한 한 채' 갈아타기로 표현했습니다.

---

[68]  한국부동산원이 매주 회원 중개업소 설문과 인터넷 매물 건수 등을 분석해 수요와 공급 비중을 지수화한 것입니다.

매매수급지수는 0–200 사이에서 0에 가까울수록 팔려는 '매도자'가 사려는 '매수자'보다 많은 상황을, 200에 가까울수록 '매수자'가 '매도자'보다 많은 상황을 뜻합니다.

## ▎이어진 대출한파와 금리인상

한편 2021년 9월부터 시중 대형 은행들이 한시적으로 주택담보대출과 전세대출을 중단하기로 하면서 그 풍선효과로 '대출 조이기'가 금융권에 전방위적으로 확산하였습니다. 또한 2022년 1월부터 2억 원 이상 대출을 받는 차주를 대상으로 DSR 규제가 강화되어 1년 동안 갚아야 하는 원금과 이자가 연 소득의 40%(2금융권 50%)를 넘지 못하게 되었습니다. DSR 규제 대상은 2022년 1월부터 총대출액이 2억 원을 초과하는 대출자, 2023년 7월부터는 1억 원을 초과한 대출자로 확대되었습니다.

시기적으로도 가을과 겨울에 불어 닥친 대출한파는 심리적으로 큰 부담이 되었습니다. 통상 결혼이나 취업, 학기가 시작되면서 주거지 이동이 빈번한 계절이기 때문입니다. 그렇지 않아도 전세 물량이 적어 전셋값이 치솟고 있는데, 설상가상으로 전세대출마저 막히게 되어 전세 수요자들은 기존보다 계약 일정을 앞당겨 계약서에 도장을 찍는 진풍경까지 벌어졌습니다. 게다가 금리인상까지 겹치자 매수심리가 빠르게 위축되었습니다.

> "줄서서 전세 계약합니다" … 대출 축소 예고에 난리 난 부동산
> 〈2021.9.28. 한국경제〉
>
> "전세대출 제한 우려" … 수도권 아파트 전셋값 다시 상승폭 커져
> 〈2021.10.7. 한국경제〉
>
> 밀려오는 대출 한파 … 洪 "2단계 DSR 내년 1월부터 본격 적용"
> 〈2021.10.26. 서울경제〉
>
> "주담대 받으려면 사업자 등록하세요" … 편법 '대출 파훼법' 공유
> 〈2021.10.29. 서울경제〉
>
> 대출 규제에 눌린 서울 아파트값 … '공급쇼크' 대구는 하락 전환
> 〈2021.11.18. 한국경제〉

한편 대출규제를 피해가기 위한 갖가지 편법 대출 꼼수가 난무하기도 했습니다. 가계대출 총량 규제에 사업자 대출은 포함되지 않는다는 맹점을 이용하여 허위 사업자 등록을 통해 제2금융권에서 사업자 대출을 받거나 시중은행보다 차주별 DSR 비율이 높은 제2금융권을 이용하는 방법 등이 온라인(SNS)을 통해 빠르게 전파되었습니다.

옆집보다 잘 사는 부동산 투자비밀

# 4-2
# 변화의 시그널

## 금리인상과 양적긴축의 예고

미 연준은 코로나19 사태가 걷잡을 수 없이 확산되자 2020년 초부터 기준금리를 '제로 수준(연 0–0.25%)'으로 묶어 두고 매월 1,200억 달러를 푸는 양적완화를 단행했습니다.

그러나 물가상승으로 인한 인플레이션 우려가 커지고 코로나19 사태가 진정 모드로 접어들자 2021년 9월부터 금리인상과 양적긴축에 대한 소식이 본격적으로 들리기 시작했습니다. 미 연준은 당초 예상보다 앞당겨서 기준금리의 인상을 단행하고 연내 테이퍼링 시작을 암시했습니다.

이로써 코로나19 사태 이후 이어져 온 초저금리 시대가 막을 내리게 되고 저금리와 양적완화가 만들어낸 자산 시장의 '거품'이 꺼질 가능성이 높아졌습니다.

2021년 상반기를 지나면서 한국에서도 한국은행이 연내 기준금리 추가인상을 단행할 가능성이 커진 만큼, 금융부담 상승에 따른 자산 시장의 충격 등 연쇄적인 부작용을 경계해야 한다는 전문가들의 진단이 나오기 시작했습니다.

특히, 2021년 가을부터 대출한도를 규제하고 있는 데다 한국은행의 연내 추가 기준금리인상 요인까지 더해질 것으로 전망됨에 따라 주택 구매가 줄어들고 부동산 경기가 하락할 가능성이 클 것으로 내다봤습니다. 투자 확대보다는 위험 관리에 적극적으로 나서야 한다는 뉴스가 등장하기 시작했습니다.

미, 빨라진 긴축시계 ··· "한국도 연내 금리 인상할 듯" 〈2021.9.23. 경향신문〉
파월, 11월 테이퍼링 시사 ··· 美 내년 금리 올릴 듯 〈2021.9.24. 조선일보〉
'위드 코로나' 시대 ··· 급등한 자산시장 '숨고르기' 대비를 〈2021.10.21. 헤럴드 경제〉

## ▍폭등의 덫에서 헤어나지 못한 2022년 전망

자산 시장에 대한 부정적인 시그널이 여기저기에서 쏟아지고 있음에도 그간의 타성과 관성에서 벗어나지 못한 전망들이 2021년 겨울을 장식했습니다. 대출규제 강화, 기준금리 추가인상 예고 등으로 매수심리가 위축되면서 '집값 거품이 꺼질 것'으로 예상하는 사람들이 생기고 있었지만, 오히려 소위 전문가라고 칭하는 대부분의 사람들은 변함없이 '상승한다'고 전망을 했고 가파르던 서울 아파트값 상승세에 힘이 빠지면서 '집값 하락론'이 고개를 들고 있을 때에도 2022년까지 상승세가 이어질 것으로 전망했습니다.

심지어 일부 언론 매체에서는 서울 아파트값에 대해 '2022년에도 소폭 상승'이라고 의견을 낸 전문가들이 3/4 정도라는 보도도 나왔습니다. 건설업계도 상승 흐름이 계속 이어질 것으로 예상했습니다. 또한 일반 국민들에 대한 설문조사에서도 50% 정도는 서울 등 주요 도심을 중심으로 공급 부족이 심화하면서 아파트값 상승세가 지속될 것이란 응답이 많았습니다.

민간뿐만 아니라 국책연구원이나 민간 연구기관에서도 2022년에도 역시 수요를 크게 밑도는 주택공급 부족 현상과 임대차 3법 시행 여파로 급등한 전·월세 가격이 잡히지 않으면서 임차시장이 매매가격을 밀어 올릴 우려가 크다는 전망이 나왔습니다.

> 전문가 열명 중 일곱은 "내년에도 서울집값 오른다" 〈2021.10.22. 헤럴드경제〉
> "내년 수도권 집값 3%·전국 전세는 6.5% 오른다" 〈2021.11.4. 서울경제신문〉
> 국민 10명 중 5명 "내년 상반기에도 집값 오른다" 〈2021.12.2. 한국경제신문〉
> 연구기관들 "내년 집값 오른다"는데 … '하락' 정부 진단 믿어도 되나?
> 〈2021.12.14. 한국일보〉

이들의 의견은 공통적으로 다음과 같은 근거에 기반하고 있었습니다.

- 서울 등 주요지역에는 여전한 신축 공급물량 부족
- 소득양극화 심화로 현금자산가의 적극적 성향이 투자 심리 선도
- 여전히 풍부한 시중의 유동성
- 지난 5년간의 각종 규제는 오히려 집값 상승의 촉진제
- 땅값과 집값은 강한 우상향 속성 (즉. 언젠가는 오른다)

반면 위험 관리 대응을 해야 한다는 공통적인 근거는 다음과 같습니다.

- 올라도 너무 많이 올랐다.
- 실수요자와 투자자로 구성된 매수세는 가격이 올라야 투자한다.
- 금리인상과 양적긴축으로 인한 경기 침체는 가처분소득을 줄인다.

## 하락의 서막은 오르고 : 2022년 1월

2022년 1월, 거래가 멈추었습니다. 서울은 물론이고 경기도도 아파트 거래량이 급감했습니다. 서울은 1년 전인 2021년 1월에 약 6천여 건이 매매 거래되었는데 2022년 1월에는 1,281건으로 1/5 수준에 머물렀습니다.

경기 과천은 2021년 1월에 44건 매매 거래되었는데 2022년 1월에는 거래된 아파트가 전무했습니다. 경기도 31개 시구에서 월별 아파트 매매 거래량이 '제로'였던 적은 한 차례도 없었는데 심지어 과천의 경우 2022년 1월에는 거래량이 '제로'였던 것입니다.

매매 거래량을 2021년 1월과 2022년 1월을 비교하면 다음과 같이 급감했습니다.[69]

- 서울 : 5,945 → 1,281
- 인천 : 4,528 → 963
- 과천 : 44 → 0
- 군포 : 625 → 17
- 광명 : 386 → 13
- 동두천 : 521 → 16

---

**69**  자료 출처 : 한국부동산원, 경기부동산포털

- 안산 : 1,264 → 43
- 의왕 : 243 → 10
- 안양 : 693 → 29

이런 결과는 글로벌 금융위기 사태 이후 처음입니다. 사실상 거래절벽을 맞으면서 매매가격 등 시장 흐름을 판단하기도 어려워졌을 뿐 만 아니라 적정 가격에 대한 판단 자체가 불가능해졌습니다.

은행 주택담보대출 증가세도 한풀 꺾였습니다. 계속된 금리 상승으로 이자 부담이 커진 데다 부동산, 주식 등 자산 시장이 하락세를 보이면서 '빚투(빚내서 투자)'에 나설 요인이 줄어들었습니다. 대출을 받기보다 상환하는 사람이 더 많아졌습니다.

미 연준이 2022년 최소 네 차례 이상의 기준금리인상을 예고하고 있고 한국은행 역시 두세 차례 기준금리를 올릴 것으로 전망되기 때문에 국내에서 시중 자금이 주식·암호화폐 등 위험자산에서 은행의 예·적금 등 안전자산으로 이동하는 소위 **'역(逆)머니 무브'** 현상이 본격화되었습니다. 즉, 시장 불확실성이 커지면서 리스크 관리에 집중하는 상황이 벌어졌습니다.

그럼에도 아직 대선까지 2개월 남짓 남아 있었기 때문에 정책 향방에 따라 시장 상황이 달라질 수도 있다는 다소 희망적인 진단도 나왔습니다.

불과 두 달 전인 2021년 10월 말이었습니다. 유력한 ○○경제TV에서는 누구나 알만한 인플루언서 몇 명이 출연해서 2022년 부동산을 전망했습니다. '실수요자는 집을 사라'였습니다. 그중에 한 명은 두 달 후인 2022년 1월 초에 같은 채널에 출연해서 올 하반기에 전세가가 급등할 우려가 있으니 '여전히 내 집 마련하는 것이 좋겠다'는 취지의 얘기를 했습니다. 앞에 3장에 게재한 주요 지역 '아파트 전세평균가액 추이'의 그래프에 나온 것처럼 전세가격은 2022년 9월부터 하락하기 시작했습니다.

## 본격적인 하락장 : 2022년 2월

2022년 2월에 접어들어 본격적인 하락장이 시작되었습니다. 특히 대출규제 '무풍지대'였던 서울 강남 4구(서초 · 강남 · 송파 · 강동구) 아파트값이 1년 8개월 만에 하락세로 전환했습니다. 송파구 잠실동 리센츠, 신천동 파크리오 등 일부 대단지 아파트에서 3-4억 원가량 가격을 낮춘 '급매'가 속속 거래되면서 강남권 집값 하락세를 이끌었습니다.

시중은행의 전세대출 금리가 연 5%를 돌파해 서울과 수도권 전세가격 하락세도 이어지고 있습니다. 게다가 '전세대출금리 상승으로 전세자금 조달이 쉽지 않은 세입자들이 월세를 선호하는 현상도 보이고 있다'며

'서울 전역의 전세가격 하락세가 지속될 것'이라고 전망했습니다.

2021년 서울 아파트값 상승률 1위였던 노원구도 하락세로 전환했습니다.[70] 노원구 아파트 대부분은 재건축을 추진하고 있어 미래가치 상승에 대한 기대감과 함께 중저가 아파트들이 모여 있어 인기가 높았습니다. 재건축을 추진하는 곳은 통상 가격이 단계별로 상승하는 것이 일반적이지만 금리인상, 대출규제 등 여파로 수요자들의 심리가 얼어붙은 결과라는 해석이 나왔습니다.

그럼에도 여전히 엇갈린 전망이 나오기도 했습니다. 즉 현장에 있는 부동산 공인중개사는 10명 중 6명꼴로 하락 전망을 내놨는데 반대로 건설·시행사나 학계 등 부동산 시장 전문가는 10명 중 6명꼴로 상승을 예상하기도 했습니다. 이들의 상승 이유로 '공급물량 부족'과 '대선 후 정책 변화'를 꼽았습니다. 공인중개사의 하락 전망 이유는 '대출규제'와 '높은 매매가' 그리고 '금리인상'으로 인한 부담이었습니다.

잠실리센츠 −4억 · 파크리오 −3억 … 강남 아파트값, 하락 시작했다
〈2022.2.10. 머니투데이〉
'집 구하는 건 일단 보류' … 전국 '매수자 · 세입자 우위' 흐름 뚜렷
〈2022.2.16. 헤럴드 경제〉
'서울 아파트값 상승률 1위' 노원 꺾였다 … 5달새 8000만 원 '뚝'
〈2022.2.17. 머니투데이〉
전문가 "올 집값 상승", 중개사 "대출 막혀 하락" 〈2022.2.20. 한국경제〉

---

70  KB부동산에 따르면 2021년 노원구는 서울 자치구 중 아파트값 상승률 1위(23.5%)를 기록한 곳으로서 서울 평균 16.4%를 크게 웃도는 수준이었습니다.

## 하락장의 파급효과 : 2022년 3월

서울에서 가장 먼저 반응한 것은 전용면적 40㎡ 이하의 소형 아파트였습니다. 소형 아파트 가격은 2021년 가파르게 올랐습니다. 2022년 1월에 서울에서 거래된 아파트 5채 중 1채는 소형(40㎡) 아파트였습니다. 규모별 거래통계를 작성한 이후 가장 큰 비중이었습니다.

하지만 오래가지 못했습니다. 시장 하향세가 본격화한 2022년 2월에 소형 아파트 가격이 가장 먼저 조정을 받았습니다. 즉, 대출규제와 금리 인상 등이 변수로 작용하는 시장에서 소형 아파트가 가장 민감하게 반응한 것입니다.

2022년 3월의 대통령선거는 부동산 시장을 전례 없는 거래절벽 상태로 몰아넣었습니다. 시장의 방향을 결정지을 공급 확대와 규제 등의 변수들이 거론되면서 시장에서의 거래는 완전히 멈췄습니다. 유력 후보들은 모두 공급 확대를 주된 공약으로 내세웠지만, 시장에서는 당장 수요와 공급에 극적 변화가 생기기 어렵다고 판단했습니다.

게다가 국내 은행들의 가계대출이 3개월 연속 감소했습니다. 이는 주택거래 감소로 주택담보대출이 줄고 있는 데다 신용대출도 가파른 금리 인상으로 대출 상환이 증가하고 있었습니다.

서울 지역에서는 경매 낙찰가율도 하락했습니다. 낙찰가율은 경매로 나온 부동산의 감정가 대비 낙찰가의 비율로, 낙찰가가 감정가 이하로 낮아진 것은 경매시장에서도 집값 하락 전망이 확산되고 있다는 것을 의미합니다.

옆집보다 잘 사는 부동산 투자비밀

인천은 2021년 한 해 동안 아파트값이 평균 32.9% 올랐습니다. '인천의 강남'이라 불리는 송도국제도시가 있는 연수구는 아파트값 상승률이 45.9%에 달했을 정도로 2021년 인천은 전국 17개 시도 중 집값 상승률이 가장 높았었습니다. 서울에서 집을 찾지 못한 주택 수요자들이 인천으로 대거 몰려 들었기 때문입니다.

그러던 인천 아파트값이 하락 전환했습니다. 2022년과 2023년에 지역 내 아파트 분양·입주 물량이 대거 늘어난다는 점도 부담 요인이었습니다. 2021년 약 2만 가구가 입주했던 인천 지역은 입주 물량이 2022년에 약 3만 8천 가구로 2배가량 늘어나고 2023년에는 약 4만 2천 가구가 입주할 예정입니다.

> 영끌 몰린 소형 아파트, 가장 먼저 꺾였다 〈2022.3.17. 국민일보〉
> 부동산 시장 전례 없는 거래절벽 언제까지? 〈2022.3.10. 국민일보〉
> 금리 뛰자 숨죽인 부동산 시장 … 은행 가계대출 석달째 줄었다
> 〈2022.3.2. 파이낸셜 뉴스〉
> 서울 아파트 경매시장 찬바람 … 낙찰가율 1년 만에 100% 아래로 추락
> 〈2022.3.8. 한겨레신문〉
> 작년 상승률 1위 인천마저 2년7개월만에 집값 떨어져 〈2022.3.11. 매일경제〉

## ▌하락장의 고착화 : 2022년 5월 이후

거래절벽의 한파는 아파트뿐만 아니라 토지, 상업용 건물(상가)과 단독주택에서도 불었습니다.

2021년의 같은 기간에 비해 거래량이 약 20-30% 줄어들었습니다. 특히, 단독주택 거래가 급격히 줄어든 데는 아파트 시장의 침체와도 연

관성이 높습니다. 수도권 단독주택 거래 중 많은 부분은 개발 수요가 차지합니다. 주택을 싼 값에 사서 허물고 다가구 등을 공급하는 것인데 지가는 오르는 반면 지난 연말부터 주택가격이 정체되며 수익이 크게 줄어들었기 때문입니다. 특히, 서울 단독주택의 하락세가 더욱 두드러졌습니다.

부동산 한파는 각종 호재로 폭등했던 곳에서 더욱 매서웠습니다. 미래의 교통호재로 인해 급격히 올랐다가 집값 고점 인식과 금리인상 등으로 인해 매수자들의 관망세가 짙어지며 실제 거래가가 크게 낮아진 것입니다. 특히 2021년 GTX 노선의 신설역 호재로 뜨겁게 달아올랐던 GTX 인근 아파트값이 가파르게 떨어졌습니다.

인덕원, 동탄, 송도 등은 GTX 호재로, 시흥은 신안산선과 월곶-판교선 호재에 대한 기대감으로 지난해 탈서울한 20·30세대가 '영끌(영혼까지 끌어모음)'하여 내 집 마련을 많이 한 지역이기도 합니다. 기대심으로 상승 폭이 컸던 지역에서 오히려 하락 폭은 더 크게 나타난 것입니다. 그만큼 버블이 많았다는 반증입니다.

부동산 가격 상승을 이끌었던 강남 3구에서도 수억 원 떨어진 아파트가 나타났습니다. 보유세 과세기준일과 맞물려 급매 위주로 거래가 이루어지면서 서울 외곽을 넘어 도심까지 '하향세'가 가속화하는 분위기가 만들어졌습니다. 금리인상에 집값 고점 인식, 규제완화 기대감까지 맞물려 거래 실종 상태가 계속되면서 집값 하향화 여파가 확산되었습니다.

한편, 정부는 2022년 6월, 9월에 이어 11월에도 부동산 규제 지역을 해제하거나 완화했습니다. 집값 하락이 거듭되는 등 시장이 안정 국면에

옆집보다 잘 사는 부동산 투자비밀

접어들었다는 판단에서였습니다. 집값 상승을 부추길 수 있다는 우려 탓에 '핀셋' 규제 완화를 선택했습니다.

매물 늘어나는데 … 꿈쩍 않는 매수 〈2022.5.23. 아시아경제〉

전방위 거래절벽의 늪 … 토지도, 빌딩도, 주택도 꽉 막혔다
〈2022.5.23. 헤럴드경제〉

GTX 타고 오른 집값 수억원씩 '뚝뚝' 〈2022.6.13. 헤럴드경제〉

서울 자치구 18곳 보합 · 하락 … 도심도 집값 상승 '멈춤' 〈2022.6.13. 아시아경제〉

"급매물도 안 팔려요" 서울 올해 아파트 매매 4분의 1토막 〈2022.6.20. 중앙일보〉

부동산 강타한 '금융시장 공포' 서울 아파트매매 '3분의1 토막'
〈2022.6.20. 문화일보〉

대구 · 대전 등 투기과열지구 빗장 푼다 … 규제지역 해제 · 완화
〈2022.6.30. 이데일리〉

# 4-3
# 데드캣 바운스,
# 부동산 시장 반등일까

## █ 부동산 한파에서 맞이한 2023년 봄

2022년 겨울, 부동산 시장에 찬 바람이 휘몰아치고 있었습니다. 아래 그림과 같이 2021년 9월부터 거래량이 급격하게 감소하기 시작했으며 2022년 하반기부터 KB월간 아파트 매매가격지수 또한 급격히 줄어들기 시작했습니다.

아파트값 11월 최대 낙폭 ⋯ 내년 더 떨어진다 〈2022.12.18. 파이낸셜뉴스〉
내년 아파트 값 5% 하락 "부동산 시장 L자형 침체" 〈2022.12.12. 매일경제〉
서울 집값 하락, 중심부까지 번졌다 〈2022.12.29. 중앙일보〉
쌓이는 서울 전세매물 ⋯ "내년이 더 걱정" 〈2022.12.26. 한국경제〉

옆집보다 잘 사는 부동산 투자비밀

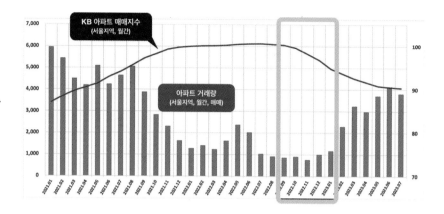

가뜩이나 가계부채가 높은 상황에서 부동산(특히 집값)이 폭락하게 되면 신용경색 등의 문제가 발생하게 됩니다. 이는 경제 전반에 연쇄적인 영향을 미칠 수 있기 때문에 현 정부에서는 '하향 안정화'를 목표로 부동산 정책을 추진하고 있습니다. 이러한 신용경색의 우려로 인해 2022년 말 부동산 규제를 완화할 것이란 기대가 널리 퍼지게 됩니다.

부동산 규제완화, 시장 연착륙 '훈풍' 될까 〈2022.12.27. 동아일보〉
서울, 경기 부동산 대출, 거래규제 더 푼다 〈2022.12.22. 조선일보〉
전방위적 규제완화 … 집값 추락 막을까 〈2022.12.29. 아시아경제〉

## 다시 쏟아지는 부동산 정책

부동산 시장이 차갑게 얼어붙는 상황에서 금리인하에 대한 막연한 기대 속에 정부는 각종 대책을 발표하기 시작했습니다. 주요 정책만 정리하면 다음과 같습니다.

## 2022.12.21. 부동산 정책

- 다주택자 취득세 중과완화 및 양도세 중과배제
- 분양권 및 주택 · 입주권 : 단기 양도세율 완화
- 규제지역 다주택자에 대한 주택담보대출 금지 규제 해제, LTV 상한을 30% 적용
- 임차보증금 반환목적 주담대 규제 완화
- 특례보금자리론, 2023년 1분기중 시행
- 정비사업 규제개선 및 완화, 재건축 안전진단 완화
- 3기신도시 조속 추진
- PF시장 연착륙 지원(부실방지)

## 2023.1.3. 부동산 정책

- 규제지역해제, 민간택지 분양가상한제 적용지역 해제
- 전매제한 완화, 수도권 분양가 상한제 주택 실거주 의무 폐지
- 중도금 대출 보증 분양기 기준 폐지
- 특별공급 분양가 기준 폐지, 1주택 청약 당첨자 기존 주택 처분 의무 폐지
- 무순위 청약 자격조건 완화
- HUG, PF 보증 확대

## 2023.1.30. 금융위원회 업무계획

- 다주택자 및 임대사업자 대출규제 완화.
- 전세대출 보증대상 확대
- 주담대 대환대출시 기존 시점의 DSR 적용

## 2023.7.4. 하반기 경제정책방향

- 대출규제 완화 : 1년 한시적으로 전세 보증금 반환목적 대출 규제 완화
- 전세사기 피해자 금융지원 강화
- 종부세 공정시장가액 비율 인하
- 청년 · 신혼부부 등에 대한 주거지원 강화 : 디딤돌 · 버팀목 대출 추가 공급

옆집보다 잘 사는 부동산 투자비밀

쏟아진 정책은 경직된 부동산 시장에 활력을 불어넣으며 폭락이 아닌 하향 안정화를 위한 부분적인 정책들이 대부분입니다. 위의 정책들 중에는 입법 단계에 머물러 있는 경우도 있어서 아직 시행하지 못한 것도 있습니다.

시장에 가장 큰 변화를 준 것은 '대출 완화 정책'입니다. 그러나 현재 가장 부담이 되는 가채부채 문제 때문에 제한적일 수밖에 없습니다. 2023년 4월 들어 기준금리는 3.5%에서 멈춰 있지만 대출금리가 하향 조정되면서 신규 주택담보대출 금리가 한때 4% 전후까지 낮아지기도 했습니다. 그러나 최근 시장금리가 올라서 주택담보대출 금리가 7%대인 경우도 있습니다.

위의 부동산 정책을 정리해보면 우선 규제 지역(조정대상지역, 투기과열지구, 투기지역, 분양가상한제)을 대거 해제했습니다. 전국적으로 강남 3구(강남,서초, 송파)와 용산구를 제외하고 모두 비규제 지역이 됐습니다. 조정대상지역의 대표적인 규제는 다주택자 양도세 중과입니다. 다주택자는 언제 매도해도 양도세 중과 부담이 없어 서둘러 팔 이유가 없어졌습니다.

세금 분야의 규제완화가 컸습니다. 특히 종합부동산세가 가장 컸습니다. 세율 자체를 다주택자라 하더라도 과세표준 12억 원 이하는 일반세율(0.5~1.0%)로 대폭 낮췄습니다. 여기에 기본공제도 다주택자는 9억 원, 1주택자는 12억 원까지 확대했습니다. 또한 양도소득세와 비해 불합리했던 부분인 일시적 2주택, 상속 주택, 지방 저가 주택 등의 예외를 만들어 보완했습니다. 나름대로는 합리적인 개선입니다.

분양 시장의 변화도 큽니다. 특히 전매 제한 기간을 완화한 점이 가장 큰 특징입니다. 수도권의 공공택지와 규제 지역은 3년, 과밀억제권역은 1년, 그 외 6개월로 단축했습니다. 비수도권은 공공택지와 규제 지역은 1년, 광역시(도시지역) 6개월, 그 외 지역은 없습니다.

분양가상한제 주택의 실거주 의무도 폐지될 예정입니다. 무순위 청약도 지역과 주택 수에 상관없이 참여할 수 있습니다. 특별공급도 투기과열지구에서 분양가 9억 원 이하만 가능했던 부분을 삭제했습니다. 무엇보다 분양 가격 12억 원(애초 9억 원) 초과 시 중도금 대출을 금지하던 것을 폐지했습니다.

한 가지 우려되는 점은 부동산 PF(프로젝트파이낸싱)가 원활하지 않고, 공사비가 급증함에 따라 분양 및 착공 물량이 급격히 감소하고 있다는 사실입니다. 이것은 3-5년 후의 입주 물량 부족으로 연결될 수 있어 우려가 커졌습니다. 정부는 지난 2023년 9월 26일에 발표한 '주택공급활성화방안'에서 좀 더 공격적인 주택공급을 하겠다고 밝혔으나 그 실행 가능성에 대해서는 회의적인 시각도 많습니다. 당초 공약했던 '270만 호 공급'에 대하여는 좀 더 냉정하게 지켜봐야 합니다.

옆집보다 잘 사는 부동산 투자비밀

다음 그림은 서울 송파구의 최대단지인 헬리오시티 아파트(9,510세대, 전용 85㎡ 기준으로 5,132세대)를 기준으로 2021년 1월부터 2023년 7월까지의 실거래가를 정리한 것입니다.[71]

2021년 여름부터 내려가던 집값이 2022년 여름에는 더욱 가파르게 내려가다가 2022년 12월부터 반등거래로 돌아선 후 상반기에 꾸준하게 오르고 있습니다. 다만, 가장 최근인 7월부터 거래량이 줄고 거래가도 다소 주춤하는 것을 알 수 있습니다.

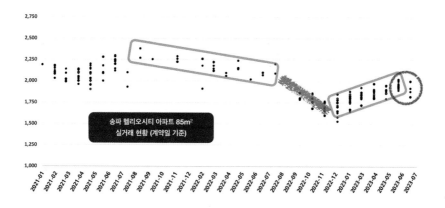

다음 그림은 인천 연수구의 대단지인 더샵송도마리나베이 아파트(3,100세대, 전용 85㎡ 기준으로 2,612세대)를 기준으로 실거래가를 정리한 것입니다. 2021년 상반기까지는 꾸준히 상승했지만 그 후 거래량이 급감하였으며

---

71  대법원 등기정보광장에서 전용면적 85㎡에 대하여 매매거래로 등기 완료된 거래를 매매계약 체결일 기준으로 정리하였습니다.

2022년 여름부터 다시 매매가 이루어졌으나 가격은 다시 횡보했습니다. 해당 단지는 전체 세대의 84%가 85㎡ 평형으로 이루어진 단지이므로 같은 평형대라도 층, 향, 전망 등의 여건에 따라 가격 형성의 폭이 넓을 수밖에 없습니다.

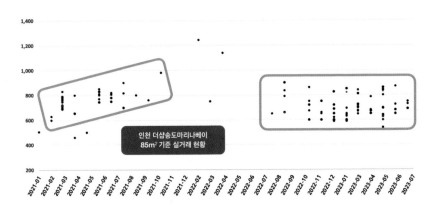

인천 더샵송도마리나베이
85㎡ 기준 실거래 현황

다음 그림은 서울 중구 신당동의 대단지인 남산타운 아파트(5,150세대, 전용 85㎡ 기준으로 1,298세대)를 기준으로 2021년 1월부터 2023년 7월까지의 실거래가를 정리한 것입니다.[72]

2021년 상반기까지 꾸준히 상승했고 그 후에는 거래량이 급감하였으며 2022년 겨울부터 다시 매매가 이루어졌으나 가격은 다시 횡보하는 것으로 나타났습니다.

---

[72] 대법원 등기정보광장에서 전용면적 85㎡에 대하여 매매거래로 등기 완료된 거래를 매매계약 체결일 기준으로 정리하였습니다.

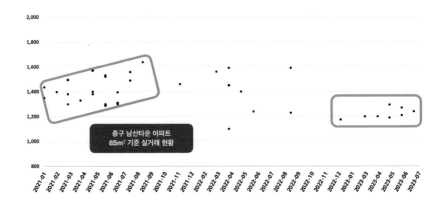

다음 그림은 서울 성북구 돈암동의 대단지인 한진한신 아파트(4,515세대, 전용 85㎡ 기준으로 986세대)를 기준으로 2021년 1월부터 2023년 7월까지의 실거래가를 정리한 것입니다.[73]

2021년 상반기까지 꾸준히 상승했고 그 후에는 거래량이 급감하였으며 2022년 겨울부터 다시 매매가 이루어졌으나 가격은 다시 횡보하는 것으로 나타났습니다.

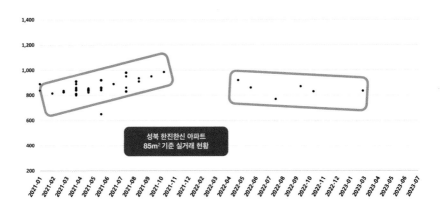

---

73   대법원 등기정보광장에서 전용면적 85㎡에 대하여 매매거래로 등기 완료된 거래를 매매계약 체결일 기준으로 정리하였습니다.

## 아직은 간극이 커 보인다

지역(입지), 단지특성, 가격대 등의 특성에 따라 거래량이나 거래 금액 추세는 다양합니다. 아직은 부동산 시장의 전반적 추세가 변했다거나 2020-2021년 사이의 급격한 폭등세가 재현될 것이라고 예측하기에는 큰 무리가 있습니다. 아래 그림을 살펴보면 더욱 뚜렷해집니다.[74]

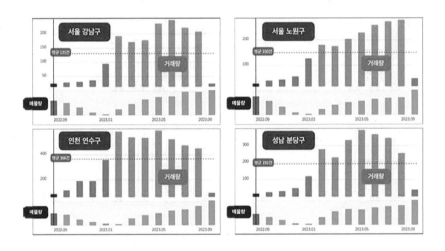

2023년 연초에 나타났던 급매물 소화 현상이 잦아들자 봄부터 가격 상승세가 나타났지만 여름을 지나면서 그 추세가 이어지지 못하고 약화되었습니다. 가을에 접어들며 거래량은 줄면서 매물은 늘어나고 있습니다.

통상 가격 상승장에서는 내놓았던 매물을 거두어들이는 현상이 벌어지는데 시장의 불안함을 의식한 소유자들이 원하는 가격대만 맞으면 팔

---

**74** 출처 : 리치고

고 싶은 성향이 짙어진 것으로 파악됩니다. 반면에 2022-2023 초반까지 하락(내지는 폭락) 상황을 목격했던 매수 수요자들은 아직도 관망하는 입장인 것으로 파악됩니다. 임장을 다녀보면 매도호가와 매수 희망자의 간극에 큰 차이가 있음을 알 수 있습니다.

## ▎ 추세전환을 위한 선결 조건

2023년 봄, 얼었던 땅에서 새순이 돋듯 다시 희망의 시작을 알리는 뉴스가 쏟아졌습니다.

서울 아파트 살 사람 늘고 있다 … '노,도,강' 꿈틀 〈2023.2.5. 한국경제〉
시중은행 예금, 대출 금리 모두 3%대로 회귀 〈2023.2.6. 파이낸셜뉴스〉
서울 아파트 거래량 8개월만에 최대 〈2023.2.13. 문화일보〉
급매 거래 늘어나자 … 전국 아파트 낙폭 둔화 〈2023.2.23. 한국경제〉
급매 위주 거래량 꿈틀 … 일부 아파트 호가 반등 〈2023.3.2. 중앙일보〉

'금리 주춤', '급매 소진', '낙폭 축소', '거래량 증가', '호가 반등'…. 이런 문구들이 다시 나오기 시작했습니다. 그러나 시장이 다시 추세전환하기 위해서는 다음과 같은 요건이 충족되어야 합니다.

- 매도호가와 매수 희망가의 간극이 줄어야 한다.
- 집값 반등을 기대하는 소유자들이 매물을 줄여야 한다.
- 실수요자보다는 투자자가 더 많이 참여해야 한다.
- 전세가율이 높아야 한다.

추가로 다음 요인들도 함께 생각하는 것이 좋습니다.

- 대출규제의 완화
- 기준금리인하 시작
- 경제 불확실성의 제거와 경기 침체를 벗어나는 시그널

그런데 이런 요건들만 충족되면 다시 집을 사는 게 맞을까요? 다음 그림을 보겠습니다.

위 그림은 서울 강남구 대치동에 있는 은마아파트의 전용면적 85㎡ 기준으로 2006년부터 2017년까지의 실거래가를 나타낸 그래프입니다.[75] 강남지역 아파트 중에서도 4,400여 세대의 대단지인 은마아파트는 늘 아파트 가격변동의 척도 역할을 했습니다. 가격변동이 클 때마다 다양한 경제 여건의 변화가 가격 형성에 큰 변화를 준 것으로 나타납니다. 은마아파트에 대한 분석은 다양한 의견이 검색으로 확인될 수 있기 때문에

**75** 국토교통부 실거래가 조회시스템
참고로, 그래프에 있는 QR-Code는 김은주 님의 영상자료 링크로서 은마아파트의 과거 20여년 간의 뉴스보도를 연대별로 정리한 것이라 소개합니다.

다시 언급할 필요는 없습니다. 다만, 당시의 부동산 시장 상황은 이 책의 2장에서 확인할 수 있습니다.

그런데, 여기서 2023년의 상반기 데드캣 바운스 이후 반등할 것인가에 대한 질문에서 지금 상황을 2009년의 글로벌 금융위기 이후와 비교하거나 2011년 유럽 재정위기 이후와 비교하여 다시 반등하거나 또는 수년간의 침체로 보는 의견들이 대립하고 있습니다. 즉 V자형 반등인지 또는 L자형 침체 후 반등인지 아직은 속단하기 어렵습니다. 아직도 시장 회복을 충족할 만한 에너지가 축적되었다고 볼 수는 없기 때문에 상당히 보수적으로 접근해야 할 것으로 판단됩니다.

○ 수도권과 지방은 다른 방향으로 재편된다

한 가지 더 살펴볼 것은 서울-수도권의 부동산 시장과 비수도권 시장은 다르게 움직인다는 것입니다. 예를 들어 서울과 대전의 아파트를 비교해보았습니다. 대전 서구 어은동에 있는 갈마 큰마을아파트는 1995년에 준공된 3천여 세대의 대규모 단지입니다. 그래프[76]에 나온 것처럼 은마아파트는 경제 환경의 변화에 민감하게 가격등락이 큰 반면에 대전 큰마을아파트는 그렇지 않음을 알 수 있습니다. 즉, 지방은 일자리, 소득수준, 입지변화 등 개별적 요인에 따라 시장 환경이 달라질 수 있다는 것도 생각해야 합니다.

---

[76]　국토교통부 실거래가를 기준으로 전용 85㎡ 아파트의 거래 평균가격을 산출한 그래프입니다.

# 5

## 흐름을 읽고
## 안목을 넓히자

"누나! 누나는 하락론자야, 상승론자야?"

"나? 글쎄….."

"뭐야. 부동산 공부한다며."

"그게 무슨 상관이야?"

"집값이 떨어질지 올라갈지 알아야 투자를 하지".

"야, 투자자가 그냥 투자를 해서 수익을 올리면 되지 상승론, 하락론이 어딨어. 글쎄 그렇게 말하는 순간 한쪽 논리만 듣게 되더라고. 내가 뭐 공부해서 내 주장 펼치려고 투자하는 것도 아닌데 말이야. 그냥 어느 쪽이든 어떤 근거자료를 썼고 그 결과를 어떻게 도출했는지 확인하는 과정이 중요하다고 생각해. 상승론자니 하락론자니 하는 순간 내가 그 안에 갇히는 것 같아서 나는 싫더라고. 그것보다는 여러 자료를 확인하려고 노력하는 편이야."

민정 씨는 동생에게 해주고 싶은 말이 산더미 같습니다.

# 부동산 시장과 경제 환경

## 부동산 투자도 경제활동 중의 하나

부동산 양도차익이나 임대료 수익은 전체 가계 소득에서 적지 않은 비중을 차지합니다. 또한 부동산 자산의 크기는 가계 자산 중에 가장 비중이 높습니다. 특히 주택 부분이 상당히 큰 편입니다. 부동산 산업은 국가 경제 전반에 주는 영향이 큽니다.

뿐만 아니라 부동산 관련 대출 또한 금융기관 여신(대출)관리 측면에서도 큰 비중을 차지하고 있습니다. 특히, 앞서 설명한 대로 IMF 외환위기 이후 은행의 가계대출이나 주택담보대출 비중이 더욱 커졌습니다. 따라서 부동산 시장은 특히 주택 시장은 가계의 소비와 저축뿐만 아니라 국가 전체에 미치는 영향이 더욱 커졌습니다.

2008년 미국의 서브프라임 모기지 사태로 인한 글로벌 금융위기도 주택담보대출 문제에서 전체 금융권의 위기로 확산된 것입니다.

## 인플레이션의 두 가지 얼굴

2020년의 코로나19 이후, 급격한 물가상승에 따라 인플레이션이 발생하였습니다. 인플레이션은 크게 보아 수요가 견인하는 인플레이션(demand-pull inflation)과 비용인상에 따른 인플레이션(cost-push inflation)이 있습니다.

수요 견인 인플레이션은 경기 호황상태에서 수요가 공급을 초과하기 때문에 생기는 물가상승을 말합니다. 즉 수요를 구성하는 소비와 투자 등이 늘어나서 물가가 오르는 것을 말합니다. 반면에 비용인상 인플레이션은 공급 측면의 요인으로 인한 물가상승을 말합니다. 즉, 재화나 서비스 생산을 위한 비용의 인상으로 인해 물가가 상승하는 것을 말합니다. 이 경우 주로 원자재 가격, 임대료, 임금, 세금 인상 등의 비용 상승으로 인해 공급이 감소해 경기 침체로 이어질 가능성이 큽니다.

| 구분 | 긍정적인 면 | 부작용 |
|---|---|---|
| 수요 견인 인플레이션 | 고용 증가와 경제 활성화 | 과도한 버블 형성 |
| 비용 인상 인플레이션 | 비용절감을 위한 혁신 촉진 | 수요 감소와 경기 침체 |

## 인플레이션과 중앙은행의 역할

중앙은행은 통화정책을 통해 물가안정과 경제성장을 도모하는 기관입니다. 즉 물가안정을 최우선 과제로 하면서 경제성장과 고용안정을 균형 있게 유지하는 것이 목표입니다. 특히 금융위기가 발생하면 금융시장에 유동성을 공급하여 금융시스템의 안정을 꾀합니다. 즉, 화폐를 발행하여 통화량을 조절하고 금리를 조절하여 돈의 가치를 적절하게 통제하여 경제가 안정적으로 유지되도록 합니다.

## 경기 침체와 유동성 위기

'유동성'이라 함은 한 마디로 현금을 말합니다. 아무리 자산이 많은 가계나 기업이라 하더라도 당장 필요한 현금을 구할 수 없다면 심각한 위기에 빠질 수 있는데 이를 '유동성 리스크'라 합니다.

악몽 같은 IMF 구제금융 신청 사태도 외화의 유동성 위기로 일어났습니다. 당시 국내 금융기관은 외화(달러)를 단기로 빌려와서 국내 기업에 무분별하게 대출을 하고 있었습니다. 일부 기업은 능력대비 과도한 투자를 하던 시기였습니다.

그렇다고 국내 경제 여건이 그리 나쁜 상황은 아니었는데 대외적으로 태국, 인도네시아, 말레이시아 등에서 금융위기가 발생하고 해외 채권자들이 선제적으로 자금 회수를 하게 되어 순식간에 외화(달러) 유동성 위기가 발생했던 것입니다.

외화 단기차입에 대한 만기연장을 기대했던 상황에서 연장이 거절되었고 과도한 부채를 통해 무분별한 투자를 해왔던 기업들이 무너지면서 도미노 현상으로 경제 전반이 위기에 빠지게 되었습니다.

원리금 상환에 따른 충분한 현금(유동성)이 확보되지 않는다면 급하게 자산을 처분해야 하는데 이때 이런 위기 상황은 전염병처럼 사회 전반에 확산되어 자산 폭락이 일어나면서 손실이 눈덩이처럼 불어납니다.

특히, 우리나라처럼 가계부채가 과도하게 많은 경우 보유 현금이 많지 않은 개인 채무자의 유동성 리스크가 급격히 확산될 수 있습니다. 경기 침체로 고용이 줄고 소득이 줄어들면 원리금 상환이 어려워져서 신용에 문제가 생기거나, 신용도가 높지 않은 개인의 대출한도가 축소 된다든 가, 담보로 제공했던 부동산의 시세가 하락하여 담보 가치의 축소로 대출 상환이 요구되면 상황이 더욱 심각해집니다.

## 공급물량이 집값을 결정하는가?

집을 살 때, 흔히 먼저 따지는 것이 입지입니다. 집이 단순한 거주용이 라는 본래의 용도를 벗어나 이미 투자 자산화된 현재의 여건에서 보면 '내가 사려고 하는 그 집이 앞으로 계속 상승할 것이냐'가 제일 중요한 판단요소입니다.

그러나 지난 정부 시절에는 다음과 같은 증명되지 않은 명제로 집값에 대한 예측을 해왔습니다.

저금리와 양적완화로 유동성이 풍부한 상황에서 정부는 주택공급엔 소홀하므로 대출제한, 세금인상 등과 같은 규제로는 집값 상승 동력을 억제할 수 없다.

그런데 이 명제는 '가격은 수요와 공급이 결정한다'는 경제 기본이론에서 한쪽만을 기준으로 판단했기 때문에 틀렸다고 할 수 있습니다. 공급이 줄어 가격이 오르려면 수요가 일정해야 하기 때문입니다. 설령 공급이 준다 하더라도 수요가 줄면 가격은 내려갈 수도 있습니다.

수요는 임대수요와 매매수요로 나뉩니다. 임대수요로 인해 전세 보증금은 오를 수 있지만 매매수요는 그 부동산 가격이 확실히 오른다는 판단이 있어야 증가합니다. 가격 하락이 전망되거나 매수를 위한 자금 마련이 어려워지면 투자 심리는 위축되고 자연스럽게 매수 수요도 축소됩니다.

또한 여기서 중요한 것은 소위 '공급물량'이라는 데이터의 정확성입니다. 실제로 각 기관, 언론. 프롭테크 앱[77]에서 제공하는 공급물량 집계에 상당한 차이와 오류가 있습니다.[78] 아파트가 공급되는 과정은 인허가 → 착공 → 준공 등의 절차를 밟게 됩니다. 중간에 분양도 하게 됩니다. 일반적으로 착공 후 준공까지는 3년 정도의 시간이 필요하지만 인허가에서 준공입주까지는 다양한 요인에 의해 차질이 생길 수 있기 때문에 정확한 예측이 어렵습니다.

---

[77] Proptech App

[78] 각 기관(언론이나 프롭테크 앱 포함)에서 제공하는 공급물량 자료는 집계 시점이나 방법에 따라 큰 차이가 남을 종종 알 수 있습니다.

옆집보다 잘 사는 부동산 투자비밀

결론적으로 공급물량만 볼 것이 아니라 입주확정 물량을 봐야 한다는 것이고 또한 더욱 중요한 것은 수요측면에서 매수자의 동향, 매수능력 무엇보다 매수심리의 움직임이 더욱 중요합니다. 지난 2020-2022년 3년간의 폭등-폭락장에서 실천적인 경험으로 중무장한 투자자는 앞으로의 시장 변화 좀 더 체계적이고 합리적으로 접근할 수 있는 능력이 생겼기 때문에 부동산 사이클에 민감하게 반응할 것입니다. 부동산 사이클 주기가 줄어들 가능성이 커졌습니다.

## 초두효과[79]에 사로잡히지 말아야...

지난 2020년부터 2021년은 그야말로 역대급 초저금리 시기였습니다. 그러던 중 2022년부터 급격한 금리인상이 있었습니다. 단지 2020년-2022년의 상황을 보면 금리가 낮을 때 집값이 오르고 금리가 오르면 집값이 내린다고 이해하게 되어 많은 사람들은 다시 금리가 내리면 집값이 올라갈 것처럼 판단하였습니다.

그런데 지난 노무현 정부 시절을 되돌아보겠습니다. 당시에는 글로벌 금리 상승기였지만 주가와 소득이 꾸준하게 상승하는 시기로서 집값이 폭등했었습니다. 금리인상만으로는 반드시 자산 가격이 위축되지는 않습니다.

---

79  초두효과(Primary Effect)는 심리학이나 행동경제학에서 나온 용어로서 먼저 제시된 정보가 이후 정보보다 더 강력한 영향을 미치게 되어 나중에 들어온 정보를 먼저 들어온 정보체계에 맞춰서 이해하려는 경향을 말합니다. '첫인상 효과'라고도 합니다.

## 전문가 집단과 집단 지성의 오류

앞서 설명한 대로 아파트 공급절벽과 풍부한 유동성, 그리고 집값의 우상향 기대심은 확신을 넘어 맹목적인 신념으로 변질되었습니다. 남은 문제는 도대체 어디가 더 빨리 더 많이 오르느냐에 관한 것이었습니다.

여기에 의구심을 갖는 것은 오히려 시대 흐름에 역행하거나 또는 아예 기초적인 부동산 상식조차 없는 것으로 여겨지기도 했습니다. 그러나 좀 더 눈을 크게 떠서 소위 '전문가' 집단이나 그 추종세력의 오판이 과거 30여 년 동안 지속적으로 반복되었던 것을 잊어서는 안 됩니다.

가장 최근의 사례로 지난 2021년 하반기에 벌어졌던 2022년 부동산 전망이 있습니다. 사실, 부동산 폭락 내지는 조정에 대한 전망은 이미 2021년 상반기부터 여기저기서 제시되고 있었습니다. 그러나 사회 분위기 상 부동산 '우상향 신념'이 강하게 형성되어 그 반대 의견이나 뉴스는 주목받지 못하였습니다.

대부분 사람들은 그들의 투자 심리에 영향력을 갖는 인플루언서[80] 들을 소위 '상승론자'와 '하락론자'로 구분합니다. 그리고 그들의 입에 집중하며 새로운 투자정보에 앞다퉈 열광합니다. 그런 인플루언서들이 제시하는 '추론(?)'에 대하여 합리적 비판을 포기한 채, 그저 전문가의 의견이니까 무조건적으로 수용합니다. 이에 대한 사례 하나를 앞의 장에서 설명했습니다.

---

80  유튜버, 블로거, 부동산 관련 강사, 대중 노출이 많은 교수, 기자 등

상승론자와 하락론자라는 딱지가 중요한 것이 아닙니다. 그들의 결론이 나와 다르더라도 반드시 다음 몇 가지 사항을 확인해야 합니다.

- 근거(자료)가 맞는지? (사실 확인의 문제)
- 그 근거를 합리적으로 해석하는가? (사실 해석의 문제)
- 합리적이고 논리적으로 결론을 도출하고 있는가? (논리적 사고의 문제)

그러니, 정작 더 중요한 것은 다음과 같습니다.

- 상승론자이건 하락론자 이건, 어떤 자료나 사실 등에 기반하는가?
- 그 자료나 사실에 대하여 합리적으로 시사점을 도출하고 있는가?

그리고 투자 판단이나 결정은 온전히 나의 몫으로 해야 합니다. 사실 확인이나 그에 해석에는 다양한 목소리에 귀 기울이지만, 결과 도출은 투자자 본인이 해야 합니다.

일반적으로 부동산은 당장 거래를 통해 현금을 확보하는데 시간이 걸리고 가격 단위가 크기 때문에 거래 회전율이 낮습니다. 주식보다는 현금 확보 측면에서 시간이 많이 걸립니다. 또한 부동산은 자칫 공급자(매도자)와 소비자(매수자) 사이의 가격 차이가 크게 되면 아예 거래량 제로의 기간도 겪을 수 있습니다. 게다가 단순한 수요와 공급의 원리로만 판단할 수 없는 실로 다양한 경제 환경과 요인에 따라 영향을 받습니다.

# 부동산 통계지표 :
# 제대로 알고 가자

## 한국부동산원의 매매가격지수

　대중적으로 이용되는 지표 중에 대표적인 것으로 한국부동산원[81]에서 발표하는 아파트 및 주택의 '매매가격지수'입니다. 아파트는 주간 단위로 단독주택과 연립다세대주택은 월간 단위로 집계하여 발표합니다. 그런데 여기서 한 가지 주목할 것은 실거래 사례가 없거나 유사거래가 없을 때의 조사방법입니다.

---

[81]　1969년에 설립된 한국감정원이 2005년 공동주택가격 조사 및 주택가격 정보 시스템을 구축한 후, 2009년 주택가격 동향 조사기관(주택법)으로 지정되었습니다. 2020년에는 한국 부동산원으로 명칭 변경되었으며 국가공인 통계기관으로서 주요 업무로는 부동산 가격공시 및 각종 통계조사, 감정평가 적정성 관리, 녹색건축 인증, 공공사업 보상 수탁 등이 있습니다. 조사발표 하는 부동산 통계지표에는 전국 지가변동률, 전국 주택가격 동향, 공동주택 실거래 가격지수, 부동산 거래현황, 상업용 부동산 임대 동향, 오피스텔 가격 동향 등이 있습니다.

## 주택가격동향 상세산정 방법[82]

당해 월 조사대상(표본) 실거래 사례 및 가격형성요인이 유사한 인근 지역의 실거래 사례를 기반으로 매물정보, 시세 정보, 부동산중개업소 의견 등을 종합적으로 참고하여 표본가격 산정

(1) 실거래 사례가 있는 경우, 실거래가격 적정성 검토 후 표본가격으로 산정
(2) 실거래 사례가 없는 경우, 유사거래 사례 및 매물 가격 등을 활용하여 표본 가격으로 산정
(3) 유사거래 사례가 없는 경우, 최근 거래 사례 및 매물 가격 등을 활용하여 표본가격으로 산정

즉, 어느 정도 거래량이 충분한 경우에는 표본가격을 산정하는 데 무리가 없겠지만 거래량이 줄어든 경우에는 표본가격을 산정하는 데 어려움이 있습니다. 만약 거래량이 현저하게 줄었거나 아예 없는 경우에는 부동산 중개업소의 의견을 참고할 수밖에 없는데 이 경우에는 해당 매물의 매도호가가 기준이 될 수밖에 없으므로 실제의 거래가 이루어지지 않은 상태에서 표본가격이 산정되므로 통계지표로서 인정되기가 어렵습니다.

게다가 아파트의 경우에는 주간 단위로 발표하므로 경우에 따라서는 표본가격 산정이 매우 곤란합니다. 또한 대단지 아파트에 비해서 단독주택이나 연립다세대주택의 경우에는 각 주택마다의 거래 개별성이 강하기 때문에 지표로서의 의미가 퇴색됩니다.

정부 공인 부동산 지표에 다양한 문제점이 노출되고 있는 현실은 사실 어제오늘의 일이 아니었습니다. 분명히 개선해야 합니다.

---

82  한국부동산원 부동산통계 조사방법 (https://www.reb.or.kr/reb/)

## KB부동산 매매가격지수

KB국민은행[83]이 아파트와 주택(단독 및 연립)에 대하여 조사발표 하는 지표입니다. 한국부동산원 지표와 마찬가지로 아파트는 주간 단위로, 주택은 월간단위로 조사발표하고 있습니다. 조사방법은 다음과 같습니다.

### KB 주택가격 동향 조사개요[84]

(1) 표본주택이 거래가 된 경우에는 실거래가격을 기준으로 한다.
(2) 실거래가 되지 않은 경우에는 매매(임대)사례비교법[85]에 의하여 조사된 가격을 해당지역 부동산 중개업소에서 직접 온라인상 조사표에 입력하는 조사를 기본으로 하며, 온라인 조사가 불가능한 부동산중개업소에 한하여 조사원이 전화 또는 팩스로 조사하고 각 지역 담당자가 검증 후 가격을 확정한다. (매도자나 매수자의 호가는 절대 조사하지 않음)

---

83  주택은행 시절인 1986년부터 발표한 KB주택가격동향조사는 당초 담보대출을 위한 기준가격 조사용 통계지표로써 사용되어 왔습니다. 한국부동원보다 더 긴 시계열을 가진 부동산 통계입니다. 지난 2022년에 표본집단을 대폭 확대하기도 했습니다.

84  KB부동산 이용가이드, 주택가격동향 조사개요

85  매매(임대)사례비교법 : 다수의 거래사례를 수집하여 지역요인과 개별적 제요인을 고려하여 대상부동산과 가장 유사한 사례를 선택한 후 필요에 따라 시점수정 및 사정보정을 가하여 대상 부동산의 가격을 구하는 법

매도자나 매수자의 호가는 절대 반영하지 않는다고 했으나, 협력 부동산 중개업소의 중개사들의 설문 응대 시세 정보를 기준으로 데이터가 집계되므로 주관적인 측면이 반영될 수밖에 없습니다. 그래서 거래량이 매우 적거나 가격변동이 클 경우 지표산출에 있어서 실거래가와 차이가 발생합니다.

그런데 이런 매매지수 조사방식에 대한 의구심이 커지고 있습니다.

첫째, 설문조사 방식이란 '응답자의 주관적인 심리적 반응'이므로 이를 객관적인 판단기준으로 삼을 수 있는지에 대한 의견입니다. 대략의 판단을 위한 참고에 지나지 않는다는 것을 알아야 합니다.

둘째, 매매지수를 주간 단위로 발표하는 것에 대한 것입니다. 거래량이 급감하여 한 주에 거래 건수가 거의 없을 경우에 이를 산출하는 것에 대한 실효성에 대한 지적입니다.

참고로, 미국의 대표적인 주택지수인 **'S&P/CS 주택 지수'**[86]는 다음과 같이 산출됩니다.

주택의 수요와 공급, 가치를 결정하는 요인은 서로 다른 유형의 부동산에서는 동일성을 잃기 때문에 동일성을 유지하는 주택의 가격변동 데이터를 반영합니다. 즉, 같은 속성을 유지하는 주택에서의 가격 데이터의 변동을 반영합니다.

---

[86]  공식 명칭은 'Standard and Poors CoreLogic Case-Shiller Home Price Indices' 입니다. 케이스-쉴러 주택지수라고 부릅니다.

- 정상적인 중개 거래를 통해 형성된 가격
- 등기 완료되어 정상적으로 신고된 거래
- 동일 형태의 주택에서 발생한 2개의 거래가(이를 판매쌍(Sale pair)이라고 함)
- Sale pair(판매쌍)에서 거래의 시간 간격이 너무 작거나 너무 긴 경우는 제외
- 가격대를 3개의 레벨 구역(즉, 고가-중가-저가 구역)으로 나누어 평균 변화를 반영

특히, 중요한 것은 표본의 크기를 유지하고 자연스럽지 않은 데이터를 제외하기 위해 지난 연속적인 3개월 기간에 누적된 판매쌍을 기준으로 산출된다는 것입니다. 시사하는 바가 크다고 생각됩니다. (보다 자세한 설명은 위의 QR-code 링크로 확인할 수 있습니다)

## 법원 등기정보광장의 등기기준 실거래가

법원 등기정보 광장에서는 좀 더 근거가 확실한 실거래가를 확인할 수 있습니다.[87] 2020년부터 집합건물의 소유권이전(매매)으로 등기된 거래가액을 기준으로 집계되는 실거래가로서 허위거래나 계약취소에 따른 거래는 제외됩니다. 등기 완료된 것을 기준으로 하기 때문에 왜곡이 없이 조회할 수 있습니다.

---

[87]    대한민국 법원 등기정보 광장 : https://data.iros.go.kr

## 집값 통계의 함정

    자주 이용되는 매매지수가 실제의 실거래가와 어떤 차이를 갖는지 알아보겠습니다. 다음은 서울 송파구의 대단지 중에 하나인 잠실 엘스아파트(5,678세대, 전용 85㎡ 기준으로 4,042세대)를 기준으로 KB월간 아파트 매매가격지수와 실거래가를 비교했습니다. [88]

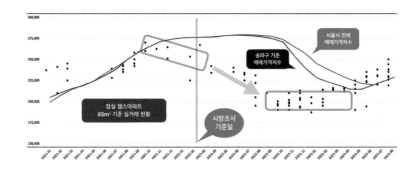

---

[88]  매매지수는 2022년 1월을 100으로 기준하여 조사된 자료이고, 실거래가는 대법원 등기정보광장에서 전용면적 85㎡에 대하여 매매거래로 등기 완료된 거래를 매매계약 체결일 기준으로 정리하였습니다.

위의 그래프에서 실선은 매매지수를 나타내고 점(Dot)으로 찍힌 것은 실거래가를 나타냅니다. 전반적으로 매수지수와 실거래가격이 확연하게 차이가 납니다. 2021년 7-9월의 경우에는 실거래가와 매매지수가 비슷한 트렌드로 우상향하고 있지만, 2021년 10월부터는 실거래가는 떨어지고 있음에도 상당 기간 동안 매매지수는 횡보하고 있음을 알 수 있습니다.

거래량이 뚝 떨어진 상황에서 부동산 중개사님의 응답 조사에 의존한 매매지수는 그간의 거래 관성에 따라 실거래가에 비해 늦게 반응하기 때문입니다.

앞의 그래프를 좀 더 자세히 살펴보면 2022년으로 접어들어 실거래가는 20억 원대에서 2023년 2월경까지 약 6개월간 횡보하고 있는데 비해 매매지수는 오히려 그 하락 트렌드가 더 심화된 것을 알 수 있습니다. 이역시 중개사님들의 주관적 반응이 반영된 것으로 판단됩니다

따라서, 가격변동이 큰 구간에서는 매매지수가 실거래가보다 후행적으로 반응하며 서로 간의 편차가 커짐을 알 수 있습니다.

한국부동산원이나 KB국민은행에서 제공하는 각종 지표를 무시할 것은 아니지만 절대적으로 맹신해서는 안 됩니다. 특히 거래량이 줄어서 자료 수집을 위한 표본의 크기가 작아지거나 또는 가격등락 폭이 커지는 경우 그 지수의 신뢰성이 떨어지므로 주의해야 합니다.

상승장에서 하락장으로 넘어가는 과정이나 반대로 하락장에서 상승장으로 옮겨가는 과정에서 아직 거래량이 충분하지 않다면 매매지수만으로 섣불리 상황판단을 하는 것은 위험합니다.

# 5-3
# 경제 흐름을 읽어야
# 시장에서 이긴다

## 무릎에 사서 어깨에서 파는 전략

부동산을 잘 사는 것도 중요하지만 잘 파는 것이 더 중요하다 말할 수 있습니다. 아무리 좋은 물건을 사더라도 적절한 시기에 잘 팔아야 이익이 실현되기 때문입니다.

누구든 바닥에서 사서 상투에서 파는 것을 꿈꾸지만 이는 신의 판단영역이거나 또는 아주 운이 좋은 경우라 할 것입니다. 대부분은 무릎에 사서 어깨에 팔아도 대박이라고 생각합니다. 그러기 위해서는 부동산 가격의 흐름을 제대로 알고 있어야 합니다.

부동산 시장에 영향을 주는 것은 경제적인 관점에서 금리와 환율, 물가 그리고 부동산(내지는 경제) 정책을 제대로 이해하고 있어야 하며, 좁은 관점에서 보면 공급과 수요, 소득, 투자 심리 등에 대한 통찰력을 갖추어야 합니다.

부동산이나 주식과 같은 자산 경기의 순환을 설명하는 몇 가지 이론이 있습니다. 대표적으로 벌집순환모형[89]과 달걀모형[90], 사계절이론[91] 등이 있습니다. 그중에서 벌집순환모형(Honeycomb Cycle)에 대하여 간단하게 알아보겠습니다.

## 부동산 경기에서의 벌집순환모형

이 모형의 핵심은 주택 경기의 흐름에서 거래량이 가격에 가장 큰 영향을 끼친다는 것입니다. 즉, 주택시장의 거래량과 가격의 관계가 벌집 모양의 육각형 패턴을 나타내면서 시계 반대 방향으로 제1국면(회복기)에서 제6국면(회복진입기)로 순환변동합니다.

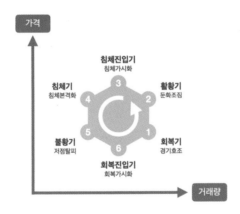

---

89 네덜란드의 경제학자인 얀센(Janssen)이 발표한 것으로 경기 흐름이 6개의 국면으로 순환한다는 모형

90 헝가리의 경제학자인 앙드레 코스톨라니(André Kostolany)가 발표한 것으로 달걀을 6개의 부분으로 나누어 시장흐름을 분석하는 모형

91 일본의 경제학자인 우라가미 구니오가 발표한 것으로 4계절의 변화를 비유적으로 구분하며 시장흐름을 살펴봄

옆집보다 잘 사는 부동산 투자비밀

○ 제1국면(회복기)

거래량이 늘고 가격이 상승세로 돌아섰으면 거래량이 정점을 향해 늘어납니다. 수요가 늘어나서 주택의 신규착공이 늘어나는 반면에 주택공급의 특성상 공급이 비탄력적이므로 가격은 급격히 상승합니다. 이때 나타나는 부수적인 현상이 전세가율 상승, 청약경쟁률 상승, 투자자의 유입 증가 등이 있습니다.

○ 제2국면(활황기)

거래량이 줄어들면서 가격은 지속적으로 상승합니다. 수요는 아직 있으나 공급의 비탄력성으로 인해 가격은 여전히 상승합니다. 실수요자의 매수세가 증가하면서 집값은 정점으로 치닫습니다. 정부 규제가 시작되고 이익을 본 투자자는 매도시점을 저울질하게 됩니다.

○ 제3국면(침체진입기)

거래량이 줄어들며 가격이 하락하는 국면으로 전환됩니다. 경기 침체의 조짐이 보이기 시작하고 신규착공 물량도 줄어듭니다. 부수적으로 청약경쟁률이 감소하며 미분양 물건이 쌓이기 시작합니다.

○ 제4국면(침체본격화)

거래량이 더욱 줄고 가격 폭락이 이어집니다. 거시경제가 침체되면서 기 착공된 공급물량에 대한 수요도 줄어들어 미분양 물건이 더욱 쌓이게 됩니다. 매수심리가 위축되고 매매가와 전세가격이 하락하며 경우에 따라서는 역전세가 발생합니다. 부수적으로 건설사는 신규분양을 지연하게 되고 정부는 규제 완화 정책을 내놓습니다.

○ 제5국면(불황기)

가격하락에 따른 거래량이 증가합니다. 경기 침체의 저점에서 탈피하는 조짐이 보이면서 경제 낙관론이 조심스럽게 힘을 받기 시작하며 신규 물량이 착공되지만 아직은 수요가 살아나질 않습니다. 즉 가격저점 인식으로 실수요자나 투자자가 조심스럽게 매수를 검토합니다. 공급은 감소되고 거래량의 증가 조짐이 보입니다.

○ 제6국면(회복진입기)

가격은 회복하지만 여전한 보합세에 머무르면서 거래량은 증가세로 전환됩니다. 경제 회복세가 탄력을 받으면서 가격이 안정되고 본격적인 상승 전 단계로서 거래량은 늘게 됩니다. 경기회복에 따른 수요증가로 수요가 공급을 초과하여 다시 제1국면으로 순환하게 됩니다.

위의 벌집 모형을 통해 부동산 시장의 순환 흐름을 이해하는 데 도움은 되지만 이는 표준적인 6단계 이론 모형일 뿐 실제 다양한 경제 요인에 따라서 그 순환과정은 다르게 나타날 수 있습니다.

이제 좀 더 부동산 가격에 영향을 주는 다양한 경제 요건에 대하여 정리해보겠습니다.

## 금리가 집값에 미치는 영향

금리는 흔히 '돈의 가치' 또는 '돈의 이용비용'의 척도라 불립니다. 금리가 오르거나 내리면 돈의 가치가 변하고 돈을 빌려오는 비용이나 저축의 가치가 변하기 때문입니다. 금리는 투자의 가장 기본이 되는 경제요소로서 다른 어떤 요인보다 핵심 기준이 됩니다.

먼저, 금리와 집값의 관계를 직접적으로 살펴보면 다음과 같습니다.
금리가 높으면 대출을 일으켜 집을 사는 비용이 증가하기 때문에 집을 사기 위해서는 금리가 낮을수록 유리합니다. 또한 금리가 높으면 전세자금 대출비용이 늘어나기 때문에 집값 상승에 장애요소가 됩니다. 전세금이 높아지지 않으면 집값 상승의 주된 요인인 갭투자가 쉽지 않기 때문입니다. 반면에 금리가 낮으면 집값 상승에 유리합니다.

그러나, 이런 논리는 단순히 금리와 집값의 관계만 얘기할 때 설명 가능하지만, 실제로 항상 금리의 높고 낮음이 집값에 직접적인 영향을 주는 것은 아닙니다. 아래 그림은 지난 23년간 한국은행 기준금리와 서울 아파트의 KB월간 매매가격지수[92]를 나타낸 그래프입니다.

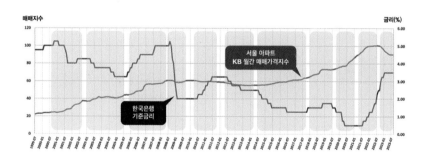

이처럼 금리가 내리거나 낮을 때만 매매지수가 오르거나 높은 것은 아닙니다. 금리가 오르더라도 집값이 꾸준하게 오르던 시기도 있었고 금리

가 내리더라도 집값이 내리던 시기가 있었습니다.

즉, 금리의 변동은 집값의 흐름에 상관관계는 있지만 반드시 1대1의 직접적인 관계로 여겨서는 안 됩니다.


## ▎통화량 증가와 인플레이션

통화량이란 시중에 돌아다니는 돈의 유통량을 말합니다. 유통되는 돈의 양이 많아지면 유동성이 풍부하다고 합니다. 유동성이 많아지면 통상 인플레이션을 유발시키는데 자산 시장에 자금이 몰리게 되어 주식과 부동산 등에 호재가 됩니다.

통화량의 조절은 한국은행에서의 화폐발행과 회수, 정부의 국공채 매수와 매각, 은행의 지급준비율 조절을 통해 이루어집니다. 추가로 경상수지에 따라 조절되기도 하는데 이는 국가 간 무역을 통해 국내로 유입되는 돈에 의해 영향을 받습니다.

금리와 마찬가지로 통화량도 경기를 조율하는 수단으로 활용됩니다. 경기가 침체되면 통화량을 늘리게 되고 경기가 과열되면 통화량을 줄이는 방향으로 정책을 펴게 됩니다.[93] 다만, 지나치게 통화량이 늘어나서 물가상승이 정책 당국의 통제로 조절할 수 없는 범위를 넘어서게 되면 하이퍼 인플레이션과 같은 부작용이 생깁니다.

통화량에는 다음과 같이 세 가지가 있습니다.

---

[93]  금리를 낮추고 통화량을 증가시켜 시중에 유동성을 공급하여 신용경색을 해소하는 방향으로 경기부양을 꾀하는 것을 양적완화라고 합니다.

① M0(본원통화) : 화폐로 만들어진 지폐나 동전

일반적으로 생각하는 돈(현금)을 말하는 것으로 한국은행에서 발행하는 만큼 그 양이 늘어납니다.

② M1(협의통화) : 지금 시장에서 바로 사용할 수 있는 돈. (지폐와 예금)

언제든 현금화할 수 있는 예금까지 포함한 것을 말합니다.

③ M2(광의통화) : M1 통화의 돈을 포함하여 2년 이하

정기 예ㆍ적금, 국채, 지방채, 회사채 등 금융 기관의 통화

실질적인 시중의 통화량을 말하는 것으로 이 지표로써 인플레이션을 판단 합니다.


## M2 통화량과 집값의 관계

시중에 돈이 많아지면 부동산과 같은 자산의 가격은 오를 수밖에 없습니다. 다음은 2021년 12월의 한국은행 '통화신용정책보고서'에서 발췌한 내용입니다.

### 최근 통화증가율 상승요인 분석 및 평가[94]

통화공급 경로를 보면 민간신용의 높은 증가세가 통화공급을 주도하는 가운데 여타 부문의 총 신용 증가에 대한 기여도가 확대되었다. 민간신용은 기업신용이 높은 증가세를 지속하면서 가장 높은 기여도를 보였으며, **가계부문은 가계대출이 빠르게 증가하면서 지난해보다 기여도가 크게 확대되었다.**

(중략)

**94** 통화신용정책보고서, 2021.12. 한국은행

즉, 가계부문에서 늘어난 M2 통화량의 가장 규모가 큰 부문은 대출을 통해 주택 등의 실물자산과 주식 등의 금융자산 등에 많이 활용되었습니다.

다음 그림은 시중의 인플레이션 지표로 활용되는 M2와 서울 지역 아파트 매매지수를 비교한 그래프입니다.

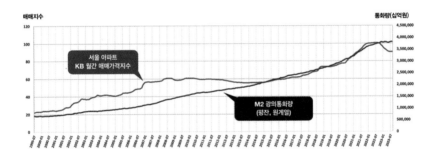

신용창조에 의해 통화량의 절댓값은 계속적으로 늘어나는 추세입니다. 마찬가지로 매매지수 또한 장기 우상향할 수밖에 없는 구조입니다. 일반적인 경제 시스템에서는 신용창조에 의한 인플레이션은 어쩔 수 없는 결과입니다.

이때 통화량 증가와 집값 상승의 관계를 인과관계로 볼 것 인지에 대해서는 다양한 의견이 있습니다. 통화량이 증가하더라도 집값의 변화가 다른 양상을 보인 예는 앞서 설명한 것처럼 많은 사례가 있었습니다.

그렇다고 그 관계를 무시할 수도 없습니다. 다음 그림은 위의 그래프 중에서 최근 3년간의 변화를 좀 더 자세히 확대한 것입니다.

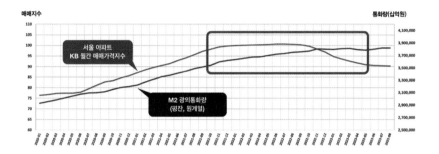

2021년 10월경부터 M2 통화량은 지속적으로 증가함에도 불구하고 서울 지역 아파트 매매지수는 횡보하기 시작했습니다. 바로 이 시점부터 정부정책으로 대출규제가 시작되었습니다.

그런데 1년 후인 2022년 10월부터 그 통화량 증가세가 완만해지자 매매지수는 하락하기 시작했습니다.

아래 그림은 2020년 1월부터 M2 통화량 증가추세 외에 전년 동기 대비 증감율(막대그래프)[95]을 나타내는 그래프입니다. 당국의 대출규제와 통화량 축소정책에 따라 2022년 봄부터 M2 통화량이 전년 동기 대비하여

---

**95**   한국은행 경제통계시스템

증가추세가 뚜렷하게 감소함을 나타내고 있습니다. 다시 말하면 시중에 유통되는 통화량이 줄어들고 서울 아파트 매매지수도 상승세를 완전히 멈추게 되었습니다.

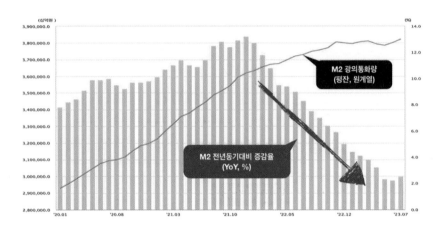

물론 매매지수의 횡보(또는 하락)와 통화량 증가세의 멈춤이 서로 선행적(또는 후행적)으로 인과관계인 것을 명확하게 드러낼 수는 없지만 어느 정도의 깊은 상관관계가 있다는 것을 알 수 있습니다.

위의 관계가 언제나 성립하는 것은 아니며 얼마든지 다른 상황도 있을 수 있습니다. 다만, M2 통화량의 증가세 경향을 살펴보는 것도 부동산 시장의 흐름을 분석하는 데 도움이 됩니다.

## 미국 금리와 한국 금리

한국의 기준금리와 미국의 기준금리는 연동성이 매우 높습니다. 이미 한국의 금융시장은 IMF 외환위기를 겪으면서 개방되었고 세계 200여

옆집보다 잘 사는 부동산 투자비밀

국가와 무역을 하면서 미국 달러화를 기축통화로 사용하는 국제 경제시스템에서는 미국 금리와 긴밀하게 연계되어 있습니다.

미국이 기준금리를 올리거나 내리면 우리나라도 올리거나 내리게 됩니다. 그런데 대부분은 우리나라의 기준금리가 더 높습니다. 그 이유는 달러가 기축통화로서 더 안전한 화폐로 인식되기 때문에 외화(달러화) 유출을 막고 외환보유고를 안정적으로 유지하기 위해서입니다.

그러나, 항상 우리나라 기준금리가 더 높았던 것은 아닙니다. 아래 그림과 같이 외환위기 이후 네 번에 걸쳐 미국 금리가 한국보다 높은 적도 있었습니다. 여러 가지 경제 상황에 맞춰 한국은행이 기준금리를 결정하기 때문입니다. 2023년 9월 현재 한미 금리 역전 차이는 2% 포인트에 이릅니다.

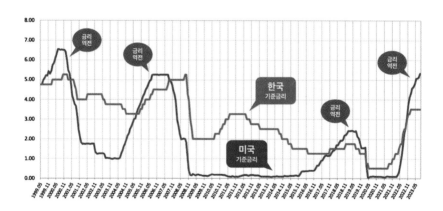

한미 금리 동조화 정책을 깨거나 완화해야 한다는 의견도 있습니다.[96] 한국의 건실한 외환보유고와 향상된 대외 건전성 때문에 미국의 기준금리가 한국보다 높다 하더라도 급격한 자본 유출이 일어날 가능성은 많이 낮아졌고 환율의 급격한 변화도 미미할 것이라는 게 이유입니다. 즉, 미국과의 금리 동조화에서 탈피하여 독립적으로 통화정책을 운용해나갈 필요가 있다는 의견입니다.

미국의 기준금리의 추이와 통화정책에 관심을 가지는 것은 거시경제의 흐름을 이해하는 데 꼭 필요합니다.

## ▍미 연준의 인플레이션 물가 기준

각국의 중앙은행의 목적은 물가안정(금융안정)과 고용안정입니다. 물가가 오르면 금리를 올려서 소비를 줄이고 반대로 물가가 내려가면 금리를 낮추어서 소비를 촉진하는 기본원리로 금리 조정을 통해 물가를 안정적으로 유지하려고 합니다. 그런데, 소비가 줄면 경제침체가 발생하여 어쩔 수 없이 고용이 불안해지는 부작용도 있는데, 적절하게 금리를 조절하여 고용불안을 최소화하려는(연착륙시키려는) 노력을 하게 됩니다.

물가상승을 판단하는 지표로서 소비자물가지수(CPI, Consumer Price Index)와 개인소비지출(PCE, Personal Consumption Expenditure) 가격지수를 활용하고 있습니다. CPI는 '물가'에 초점이 맞추어져 있으며 PCE는 '지출'에 더 큰

---

96    미국의 금리인상과 한국의 정책대응, 2022.5.16. 한국개발연구원(KDI)

비중을 두고 있습니다.

CPI 지수와 PCE 지수의 핵심차이는 다음과 같습니다.

| 구분 | CPI 지수 | PCE 지수 |
|---|---|---|
| 발표 기관 | 노동부 고용통계국(BLS) | 상무부 경제분석국(BEA) |
| 포함 범위 | 개인이 직접<br>소비한 부분 | 개인소비를 포함하여<br>정부 및 기업이 개인을<br>대신하여 소비한 부분<br>(직장의료비 등) |
| 구성 항목의<br>가중치 변경 주기 | 매 2년마다 | 분기별 |
| 데이터 수집방식 | 미국 전역의<br>모든 가구를 대상 | 도시의 소비자가<br>직접 구매한 품목 |

미 연준이 1999년까지 물가지표로 삼은 것은 CPI 지수입니다. 그런데 2000년 2월부터 아래와 같은 이유로 PCE 지수로 변경했습니다.

(1) PCE 지수는 분기별로 가중치가 변동되어 구성항목별 소비행태의 변화를 제대로 반영하는 데 비해 CPI 지수는 가중치가 장기간 고정됨에 따라 물가의 즉시적 반영이 어렵다.

(2) PCE 지수가 CPI 지수에 비해 반영하는 항목 범위가 넓다.

(3) PCE 지수에 활용되는 과거 자료들의 수정이 간편하여 일관된 시계열 자료의 확보가 가능하다.

2023년 하반기로 접어들면서 인플레이션이 어느 정도 안정화되지 않겠느냐는 전망이 나오기 시작하면서 금리 안정 내지는 금리인하에 대한 기대가 높아지기 시작했습니다.

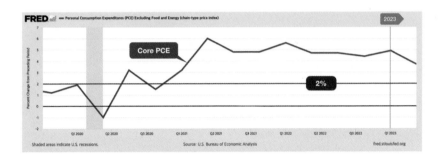

그러나 아직 물가지수가 만족할 만한 수준까지 내려오려면 좀 더 많은 시간이 필요합니다. 미 연준이 물가지표의 기준으로 삼은 PCE 지표 중에서 지정학적인 변수의 영향을 받는 에너지와 식량 품목을 제외한 Core PCE 지수는 위 그래프와 같습니다. 또한 연준이 지난 2023년 9월에 개최한 연방공개시장위원회(FOMC)에서 발표한 경제전망요약(Summary of Economic Projections)에는 2023-2025년에 예상되는 물가지수와 기준금리 전망은 여전히 높을 것으로 예상하고 있습니다. [97] 당초 예상보다 더 높은 수준으로 오래 지속될 것으로 발표되어 투자자들이 많은 실망을 하고 있습니다.

---

**97** Summary of Economic Projections, 2023.9.20., FED

Table 1. Economic projections of Federal Reserve Board members and Federal Reserve Bank presidents, under their individual assumptions of projected appropriate monetary policy, September 2023

Percent

| Variable | Median[1] | | | | | Central Tendency[2] | | | | | Range[3] | | | | |
|---|---|---|---|---|---|---|---|---|---|---|---|---|---|---|---|
| | 2023 | 2024 | 2025 | 2026 | Longer run | 2023 | 2024 | 2025 | 2026 | Longer run | 2023 | 2024 | 2025 | 2026 | Longer run |
| Change in real GDP | 2.1 | 1.5 | 1.8 | 1.8 | 1.8 | 1.9-2.2 | 1.2-1.8 | 1.6-2.0 | 1.7-2.0 | 1.7-2.0 | 1.8-2.6 | 0.4-2.5 | 1.4-2.5 | 1.6-2.5 | 1.6-2.5 |
| June projection | 1.0 | 1.1 | 1.8 | | 1.8 | 0.7-1.2 | 0.9-1.5 | 1.6-2.0 | | 1.7-2.0 | 0.5-2.0 | 0.5-2.2 | 1.5-2.2 | | 1.6-2.5 |
| Unemployment rate | 3.8 | 4.1 | 4.1 | 4.0 | 4.0 | 3.7-3.9 | 3.9-4.4 | 3.9-4.3 | 3.8-4.3 | 3.8-4.3 | 3.7-4.0 | 3.7-4.5 | 3.7-4.7 | 3.7-4.5 | 3.5-4.3 |
| June projection | 4.1 | 4.5 | 4.5 | | 4.0 | 4.0-4.3 | 4.3-4.6 | 4.3-4.6 | | 3.8-4.3 | 3.9-4.5 | 4.0-5.0 | 3.8-4.9 | | 3.5-4.4 |
| PCE inflation | 3.3 | 2.5 | 2.2 | 2.0 | 2.0 | 3.2-3.4 | 2.3-2.7 | 2.0-2.3 | 2.0-2.2 | 2.0 | 3.1-3.8 | 2.1-3.5 | 2.0-2.9 | 2.0-2.7 | 2.0 |
| June projection | 3.2 | 2.5 | 2.1 | | 2.0 | 3.0-3.5 | 2.3-2.8 | 2.0-2.4 | | 2.0 | 2.9-4.1 | 2.1-3.5 | 2.0-3.0 | | 2.0 |
| Core PCE inflation[4] | 3.7 | 2.6 | 2.3 | 2.0 | | 3.6-3.9 | 2.5-2.8 | 2.0-2.4 | 2.0-2.3 | | 3.5-4.2 | 2.3-3.6 | 2.0-3.0 | 2.0-2.9 | |
| June projection | 3.9 | 2.6 | 2.2 | | | 3.7-4.2 | 2.5-3.1 | 2.0-2.4 | | | 3.6-4.5 | 2.2-3.6 | 2.0-3.0 | | |
| Memo: Projected appropriate policy path | | | | | | | | | | | | | | | |
| Federal funds rate | 5.6 | 5.1 | 3.9 | 2.9 | 2.5 | 5.4-5.6 | 4.6-5.4 | 3.4-4.9 | 2.5-4.1 | 2.5-3.3 | 5.4-5.6 | 4.4-6.1 | 2.6-5.6 | 2.4-4.9 | 2.4-3.8 |
| June projection | 5.6 | 4.6 | 3.4 | | 2.5 | 5.4-5.6 | 4.4-5.1 | 2.9-4.1 | | 2.5-2.8 | 5.1-6.1 | 3.6-5.9 | 2.4-5.6 | | 2.4-3.6 |

미 연준의 입장에서는 당장 PCE가 2%대로 진입한다고 해서, 기준금리를 지난 2020년 수준으로 바로 인하하기는 어렵습니다. 2%에 도달해도 그 수준이 안정적으로 유지되고 다시 물가가 오르지 않는다는 확신이 들어야 하기 때문입니다. 즉, 위의 표에 나타난 바와 같이 현재와 같은 금리 수준은 상당 기간 유지될 것입니다.

다음 그림은 위의 '경제전망요약'에서 발표된 향후 예상되는 미국의 기준금리에 대한 점도표입니다. 앞으로 1-2년의 기준금리(federal funds rate)에 대하여 연준 의원들이 적정 금리가 어느 정도가 되어야 할지 체크하는 도표라서 많은 투자자들이 주목하는 표입니다. 그림에서 알 수 있듯이 2023-2024년에는 상당 기간 현 금리 수준 또는 그 이상이 될 것으로 예상을 하고 있으며 지난 몇 년과 같은 저금리 시대는 앞으로 2-3년은 지나야 된다는 것을 알 수 있습니다. (2023년 9월 말 예측기준)

한편으로는 사실상 저금리 시대는 영원히 오지 않을 수도 있다는 전망도 나오고 있습니다. [98] 미-중 무역분쟁, 세계적인 공급망(Supply-chain) 재편, 전쟁을 포함한 지정학적 분쟁, 신 냉전시대의 도래 등 종전에 누려왔던 자유무역의 혜택이 점진적으로 축소되기 때문입니다.

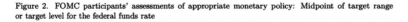

Figure 2. FOMC participants' assessments of appropriate monetary policy: Midpoint of target range or target level for the federal funds rate

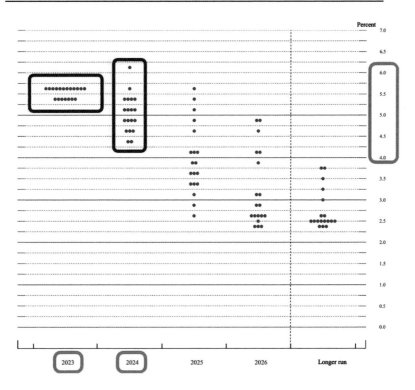

**98** 'Higher Interest Rates Not Just for Longer, but Maybe Forever', 2023.9.21. WSJ

# 5-부록

## 미 연준의 구성과 업무

세계 각국은 각국의 중앙은행을 통해 통화정책(Monetary policy) 또는 화폐정책을 펼침으로써 경제성장이나 안정성을 유지토록 하고 있습니다.

각국의 중앙은행으로는 우리나라의 한국은행, 영국의 영란은행, 독일의 분데스방크, 중국의 인민은행, 일본의 일본은행이 있으며, 미국에서는 1913년 설립된 **연방준비제도**(Federal Reserve System)[99]가 중앙은행 역할을 하고 있습니다.

미 연준은 연방준비제도 이사회, 연방공개시장위원회, 지역연방준비은행을 산하기구로 두고 있습니다. 또한, 1977년 연준법의 개정으로 완전고용[100]과 물가안정을 통화정책의 목표로 삼고 있습니다.

---

[99] 줄여서 연준(FED)라고 부릅니다.

[100] 1978년 제정된 '완전고용 및 균형성장법(Humprey-Hawkins법)'에서는 3% 이하의 성인 실업률을 완전고용 목표로 규정하고 있으나 고용은 통화정책 외에도 다양한 요인에 의해 영향을 받기 때문에 반드시 달성해야만 하는 수준으로는 인식되고 있지 않습니다.

## ※ 연방준비제도 이사회(FRB : Federal Reserve Board)

연준의 최고 의사결정기구로서 워싱턴에 있습니다. 의장 이하 7인의 이사진으로 구성되며, 대통령이 임명하고 상원의 승인절차를 거칩니다. FRB의 의장은 대통령이 임명하지만 금리결정 등 통화정책 권한도 철저하게 독립적으로 행사합니다. FRB 의장은 세계 경제대통령으로 불리울 정도로 금융정책에 관한한 전세계적으로 강력한 영향력을 갖고 있습니다. 현재는 제롬파웰이 의장을 맡고 있습니다.

주요 임무는 신용상태의 규제와 미국 전역에 있는 12개의 지역 연방준비은행에 대한 감독으로 연 8회 연방공개시장위원회(FOMC : Federal Open Market Committee)를 개최합니다.

FRB는 재할인율(중앙은행~시중은행간 여신 금리) 등 금리 결정, 재무부 채권 매입과 발행(공개시장 활동), 지급준비율 결정 등의 권한을 가집니다.

## ※ 연방준비은행(Federal Reserve Bank)

연방준비제도이사회와 연방공개시장위원회가 주요 정책에 관한 결정을 내리는 곳이라면 연방준비은행은 실제로 집행을 하는 실무기관에 해당하는 곳입니다. 미국 전역에 12개의 지역 연방준비은행이 있습니다.[101] FOMC의 투표권자는 12명으로 구성되는데 연준 의장과 부의장 및 5명의 이사, 그리고 뉴욕 연방준비은행 총재는 상시 투표권자이고 나머지 4명은 지역 연방준비은행 총재가 순환직으로 참여합니다.

---

[101] 뉴욕, 보스턴, 필라델피아, 클리블랜드, 리치몬드, 애틀란타, 시카고, 세인트루이스, 미니애폴리스, 캔자스시티, 댈러스, 샌프란시스코 등이 12개 지역 연방준비은행이 있습니다.

## 왜 물가상승률의 목표 수준은 2%인가?

먼저 그 기준이 되는 소위 물가안정에 대한 의미를 살펴볼 필요가 있습니다. 앨런 그린스펀[102]은 다음과 같이 말한 바 있습니다.

> 향후 예상되는 물가수준의 변화가 가계 및 기업의 의사결정을 수정하지 않도록 하는 상태를 의미하며 수치상으로는 물가상승률이 제로(0%)인 경우를 뜻합니다.[103]

2012년 1월 미 연준은 '장기목표와 정책전략에 관한 성명서(FOMC statement for longer-run goals and policy strategy)'를 발표하면서 처음으로 물가상승률 2%를 물가안정 책무에 부합하는 장기 물가목표 수준으로 공표하였습니다.

이때 미 연준에서는 물가상승률이 2%보다 높을 경우와 낮을 경우로 구분하여 비용과 편익, 생산성 제고효과 등을 비교분석 한 결과 합리적인 장기물가상승률의 목표를 2%로 최초 설정하였습니다.[104]

한국은 1998년 물가안정목표제를 도입한 이후 많은 변화를 거친 후 2016년부터 2% 단일 목표치로 제시하였습니다. 2% 위로 물가가 올라가면 인플레이션에 대한 우려를 하고 2% 밑으로 내려가면 디플레이션에 대한 우려를 하게 됩니다.

---

102  Alan Greenspan, 1987-2006년 연준 의장
103  1996.7월에 발언한 것으로 당시 물가상승률은 약 3% 수준이었습니다.
104  2015.4.14. 한국은행 뉴욕사무소의 동향분석, '연준의 장기 물가목표 수준이 2%로 설정된 배경'

코로나19 사태로 인해 금리인화와 양적완화가 급격히 일어나서 인플레이션이 높은 수준으로 일어났습니다. 인플레이션으로 인한 자산의 버블형성은 금리인상과 양적긴축으로 인해 필연적으로 자산 가치의 하락을 맞을 수밖에 없습니다. 이는 지난 외환위기, 닷컴버블, 금융위기의 역사에서도 확인할 수 있습니다. 주식과 부동산 가격의 하락, 소비침체와 실업률 증가, 금융기관 파산, 신흥국이 경제 위기라는 공통적인 부작용이 발생했습니다.

한편 글로벌 금융위기 이후 저성장과 저물가 기조가 장기간 지속되고 있는 상황에 비추어 연준의 물가목표치가 너무 높다는 견해를 표명하는 등 물가목표 수준의 적정성에 대한 논란이 가열되고 있었습니다. 또한 글로벌 공급망(Supply chain)의 경직화, 코로나19 사태, 우·러 전쟁 등으로 탈세계화 변화가 거세지면서 물가상승률이 2%보다 높을 수밖에 없다는 의견들이 많아지고 있습니다.

## 이런 자료는 꼭 봐야 한다

### 연방공개시장위원회(FOMC) 자료

FOMC는 미 연준에서 1년에 8회에 걸쳐 개최하는 정기회의로서 미국의 기준금리를 결정하고 통화정책을 논의합니다. 한국은행에서 개최하는 금융통화위원회(일명 금통위)와 같은 역할을 합니다.

본문 내용 중에 '점도표'라는 것은 경제전망요약(SEP, Summary of Economic Projections)을 말하는 것으로 물가와 금리에 대한 FOMC 위원들의 전망치가 수록되어 있어서 향후 전망에 대한 중요한 판단기준이 됩니다.

또한 FOMC 정례회의 이후 3주 후 발표되는 경제정책자료인 연준 의사록도 중요합니다. 이는 향후 금리 변동에 대한 미 연준의 기조를 비롯하여 글로벌 경기 막대한 영향을 끼치는 미국 경제에 대한 다양한 정보와 그 해석에 대한 것을 알 수 있습니다.

다음 그림과 같이 FED 또는 FOMC로 검색하여 접속할 수 있으며, 위에 설명한 점도표 등이나 기타 다양한 회의록과 정책자료를 참고할 수 있습니다.

보통 FOMC 개최후 한국에서 보도되는 기사들은 그중 일부에 지나지 않으므로 'Monetary Policy' 등과 같은 메뉴에서 다양한 자료를 접해 보기를 추천합니다. 특히 1년에 두 번 발행되는 'Monetary Policy Report'를 꼭 보기를 추천합니다. 약 70쪽에 달하는 방대한 분량이지만 앞 부분에 약 30여 쪽만 살펴보더라도 경제 안목을 좀 더 넓게 바라볼 수 있습니다.

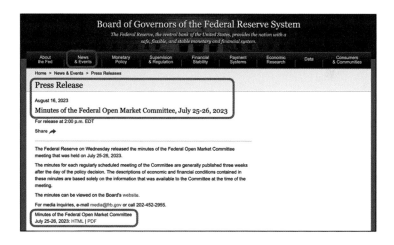

## 한국은행의 연구보고 자료

한국은행에서 조사연구 하여 발표하는 보고서도 현재 한국의 경제 상황과 앞으로의 전망을 보다 객관적으로 살펴보는 데 큰 도움이 됩니다. 특히, 다음의 세 가지 보고서는 꼭 보기를 추천합니다.

- 통화신용정책보고서 : 1년에 4회, 분기별 발표
- 금융안정보고서 : 1년에 2회, 반기별 발표
- 경제전망보고서 : 1년에 2–4회 발표

# 6

# 프로 투자자가
# 되는 길

민정 씨는 부동산 공부를 시작하기만 하면 금방 부자가 되는 줄 알았습니다. 민정 씨가 보기에 남들은 모두 쉽게 돈을 버는 것처럼 보였습니다. 유튜브에는 부동산으로 돈 좀 벌었단 사람들이 찍은 영상들이 수두룩했고 서점만 가보아도 부동산 책들이 한가득입니다.

부동산 관련 책도 읽어보고 임장도 가보고 강의도 들어보았습니다. 그런데 공부를 하면 할수록 한 번에 부자가 되는 일은 없다는 사실을 깨달았습니다. 다양한 이야기를 들으며 기본이 탄탄하지 않으면 투자로 번 돈을 한 방에 날릴 수도 있다는 사실도 알게 되었습니다.

제대로 공부하지 않으면 자칫 위험할 수도 있단 생각이 든 민정 씨는 한 카페를 통해 20년 동안 투자업계에 몸담았다는 스탠리 선생님께 찾아가 보았습니다.

# 6-1
# 차라리 귀에
# 말뚝을 박자

## 원칙부터 세우자

　옥석을 가리고 가치를 살펴보며 가격을 평가하는 것이 투자의 첫 걸음입니다. 다른 사람의 기준도 살펴야겠지만 자신이 세운 기준을 끊임없이 능동적으로 다듬어가야 합니다. 그래야 변화하는 경제 여건과 부동산 시장에서 다양한 변동성을 안정적으로 이겨낼 수 있습니다.

　처음부터 큰 그림을 그릴 수는 없습니다. 자신만의 원칙을 세우고 배우면서 익혀야 시야가 넓어지고 통찰력이 깊어집니다.

- 끊임없이 배운다.
- 직접 가서 확인한다.
- 내 주머니 속에 있는 돈이 진짜 돈이다.
- 모르는 것은 안 한다.
- 확실한 수익이 보장되어야 투자한다.

초보일수록 원칙에 충실해야 합니다. 하나 둘씩 터득해가며 투자실력을 키우면 다양한 투자의 중첩 효과를 누릴 수 있습니다.

## 자신만의 투자모델을 만들자

싸게 사서 비싸게 파는 것이 투자의 기본입니다. 또는 중간에 운영이익이 많이 남도록 하면 됩니다. 예전엔 '수익형' 투자와 '차익형' 투자로 나누었지만 이젠 이 개념이 섞이게 되어 꾸준한 수익을 내면서 많은 시세차익을 남기는 소위 '융합형' 투자로 변했습니다.

그러면서 투자의 종류나 방법에 많은 변화가 일어나고 있습니다. 그럼에도 반드시 알아야 하는 기본기는 필요합니다.

먼저 싸게 사는 방법을 알아야 하고 이를 비싸게 팔 수 있어야 하는데, 이때 우선순위가 있습니다. '비싸게 팔릴 수 있는 것을 고를 수 있는 안목'을 키운 후에 '싸게 살 수 있는 실력'을 만들어야 한다는 것입니다.

여기서 비싸게 팔릴 수 있다는 것은 두 가지를 의미합니다. 판매가가 높아야 한다는 것(매도가)과 내가 팔고 싶을 때(매도시기) 팔 수 있어야 합니다. 이 중 매도시기에 더 집중합니다. 보통은 부동산이란 주식이나 채권과 달리 눈에 보이는 물건이고 덩치가 큰 자산이므로 본능적으로 '안전자산'이라 여깁니다. 그러나 그 반대입니다. 오히려 팔고 싶을 때 팔 수 없고 그래서 돈이 묶이면 위험자산이 될 수 있습니다. 때로는 아무리 가격을 낮추어도 보러오는 손님 즉 매수자가 따라붙지 않으면 아예 팔 수조차 없는 상황이 될 수도 있습니다. 그래서 오히려 부동산이 더 위험자산이 될 수 있습니다.

그래서 먼저 파는 시기를 가늠하고 투자하는 것이 안전합니다.

## ○ 비싸게 팔 수 있는 안목 키우기

- 입지분석, 물건가치분석, 시장흐름 파악, 경제환경변화 관찰
- 토지 효용가치 판단

## ○ 싸게 살 수 있는 실력 만들기

- 경공매, 급매, 협상 실력
- 정비사업(재개발, 재건축 등) 사업성 판단, 개발사업 투자 타이밍 판단


물론 이외에도 고려해야 할 것이 많지만 처음부터 다 알 수도 없고 또다 알 필요도 없습니다. 중요한 것은 대부분의 경우 경공매나 재개발·재건축 등 너무 지엽적인 것부터 공부하는 것으로 시작합니다. 뭔가 어려운 내용을 공부하고 이해해야 투자실력이 늘었다고 만족하는 것 같습니다. 그렇지만 가장 중요한 것은 경제 여건의 변화에 민감해야 한다는 사실입니다.

먼저, 최소한의 경제 지식을 알아야 합니다. 경제학 교과서를 말하는 것이 아닙니다. 실물경제를 이해하기 위해서는 '금리'에 대한 공부부터 시작해야 합니다.

다음으로 입지를 분석하는 안목을 키워야 합니다. 예를 들어 자동차를 구입하는 경우에도 겉으로 드러나는 몇 가지 스펙만으로 차를 매수 결정하는 것은 아닙니다. 스펙으로 드러나지 않는 다른 부분도 충분히 고려하기 때문입니다. 그런데, 대부분은 교통망, 일자리, 인구 유동성과 생활 인프라(학군, 의료, 판매시설, 공원, 문화시설 등)를 조사한다거나 실거래가, 전

세가율 등의 부동산 관련 직접 지표를 조사하는 것에 집중해야 합니다. 물론 이런 정보들을 조사하는 것이 기본이지만 더욱 중요한 것은 입지의 비교판단 능력을 키우는 것입니다.

예를 들어 A 지역과 B 지역을 비교하는 데 있어서 위에 나열한 기본 자료 외에도 많은 정성적 비교를 하기 위해서는 다음과 같은 항목들이 필요합니다.

| | |
|---|---|
| · 주민 구성 | · 주변 인프라 변화에 대한 전망 |
| · 해당 지역에 대한 최근 투자세력 동향 | · 주변 교통망과의 연계성 |
| · 최근 3년간의 가격변동 추이 | · 중장기 도시개발 계획 |
| · 연결 지역과의 관계 | |

위의 내용들이 다소 막연할 수 있지만 기본 자료만 보고 투자하면 안 된다는 뜻으로 생각하면 됩니다.

○ 자신의 투자모델을 정립해야

경제 여건과 입지분석에 대한 기본적인 안목을 갖게 되었다면, 이제 부동산을 싸게 살 수 있는 테크닉을 공부해야 합니다. 실제 임장을 해서 좋은 물건을 사거나 또는 경매를 통해서도 싸게 살 수 있습니다. 또는 재개발이나 재건축이 진행되거나 예정인 정비구역 내 물건에 대한 투자방법도 있습니다. 그러나 먼저 정해야 할 것이 있습니다.

자신의 투자모델을 만드는 것 입니다.

- 주거 건물 vs 상업 건물
- 투자 지역과 투자 기간
- 단순 매매(또는 임대), 경매, 정비사업

## 차라리 말뚝귀가 유리하다

인간이 가진 감정 중에 시기심, 질투나 증오는 매우 강렬한 감정입니다. 남이 ○○○○에 투자해서 큰돈을 벌었다는 이야기를 듣고 박탈감이나 상실감에 빠지면 안 됩니다. 이를 포모증후군(FOMO, Fear Of Missing Out)[105]이라 합니다. 포모증후군에 빠지면 합리적이고 냉정한 투자의 세계에서 자칫 큰 오류를 범할 수 있습니다.

'팔랑귀'라는 말이 있습니다. 귀가 팔랑거릴 정도로 얇아 남의 말에 잘 넘어간다는 뜻입니다. 흔히 주관이 없는 사람을 말할 때 씁니다. 반면에 말뚝귀는 귀에 말뚝을 박은 것처럼 남의 말에 꿈쩍도 하지 않는 사람을 말합니다. 둘 다 좋은 표현은 아니지만 바꿔 말하면 '경청'과 '주관'이라 할 수 있습니다.

---

**105** 포모증후군 : '소외되는 것에 대한 두려움'을 뜻하는 영문 'Fear Of Missing Out'의 머리글자를 딴 '포모(FOMO)'와 일련의 병적 증상인 '증후군(Syndrome)'을 조합한 용어이다. 우리말로 '소외불안증후군' 또는 '고립공포증' 등으로 해석할 수 있다. 옥스퍼드사전 온라인판에는 '멋지고 흥미로운 일이 지금 어딘가에서 일어나고 있을 것이라는 불안감. 주로 소셜미디어의 게시물에 의하여 유발됨'으로 설명되어 있으며, 자신만 뒤처지고, 놓치고, 제외되는 것 같은 불안감을 느끼는 증상을 가리킨다. (두산백과 두피디아, 두산백과)

간혹 남의 말에 쉽게 홀려서 투자 결정을 하는 경우를 보게 됩니다. 열심히 쫓아다니다 보면 한두 번은 성공투자로 이어질 수 있겠지만 평생가는 투자라 할 수 없습니다. 조금은 지루하고 힘들겠지만 자신의 귀에 말뚝을 박고 자신만의 투자 원칙을 다듬어가는 것이 진정한 투자라고 생각합니다.

## 6-2
# 20년의 투자가 알려준 교훈

### 지식보다 기질이 중요하다

경제나 부동산에 대한 해박한 지식으로 중무장했다 하더라도 공격적인 사람은 오히려 투자를 자제할 필요가 있습니다. 투자의 결과는 오직 수익에 따라 성패가 판가름납니다. 앞서 설명한 것과 같이 질투감에서 비롯된 성급한 투자는 큰 오류에 빠질 수 있습니다. 어느 정도의 지식은 필요하되 냉혹한 투자의 세계에서 프로다운 기질을 갖춰야 합니다.

### 천재들의 실패

아무리 지식이 출중하더라도 실패한 사례를 얼마든지 있습니다. '천재들의 실패'라고 불리는 LTCM(Long-Term Capital Management)라는 헤지펀드 회사가 있었습니다.

1994년 미국의 유명 채권 트레이더인 존 메리웨더(John Meriwether)가 설립

한 헤지펀드 회사로서 학계의 정량적 수학 모델과 전문 트레이더의 시장 판단 및 실행 능력을 결합하여 이익을 얻을 수 있는 펀드를 만들기 위해 트레이더와 학계로 구성된 올 스타팀을 구성했습니다.

이 올스타팀에는 쟁쟁한 천재 경제학자들이 대거 참여했는데 바로 노벨상을 수상한 경제학자 마이런 스콜스(Myron Scholes)와 로버트 머튼 (Robert Merton), 그리고 전 연방준비은행 부의장 데이비드 멀린스(David Mullins)도 함께 했습니다.

이들의 능력을 간파한 자본가들이 줄을 대어 투자하기 시작했으며 설립 당시 모집된 자본금이 무려 13억 달러에 이르렀습니다. 1996년, 1997년에는 무려 40%에 가까운 수익률을 올리기도 했습니다.

1998년 초에는 LTCM이 관리하는 포트폴리오는 1,000억 달러를 훨씬 넘었고 스왑 포지션의 가치는 약 1조 2,500억 달러로 전체 글로벌 시장의 5%에 해당합니다. 이 회사에 참여한 천재들의 수학적 분석에 기반한 운영모델은 승승장구하여 유력한 투자 은행들에게 투자지표를 제공하는 주요 공급업체가 되었고, 모기지 담보 증권에 적극적으로 참여했으며 심지어 러시아와 같은 신흥 시장에 손을 대고 있었습니다.

그러나 뜻밖의 상황이 펼쳐졌습니다. 1998년 8월, 러시아는 루블 가치를 평가절하하고 135억 달러에 해당하는 부채에 대한 유예를 선언합니다. 그 결과 투자자들은 대규모로 이탈하게 되어 엄청난 규모의 유동성 위기를 초래하고, 1998년 9월, LTCM의 몰락으로 많은 은행은 투자 손실로 인해 상당한 피해를 입습니다.

몰락의 주원인은 러시아의 채무불이행입니다. 그러나 근본적인 원인은 유동성에 있었습니다. 한번 위험이 감지되면 돈은 즉시 안전한 곳으로 이동하기 때문입니다. 물이 높은 곳에서 낮은 곳으로 흐르듯이 돈은 안전한 곳으로 이동한다는 가장 기본적인 속성을 무시해서는 안 됩니다.

## ▍백조가 항상 흰 것은 아니다

'백조는 희다'라는 명제는 틀렸습니다. 검은 백조 이론(black swan theory)은 전혀 예상할 수 없던 일들이 실제로 나타나는 경우를 뜻하는 것으로 극히 예외적인 경우가 발생하면 그동안 생각해 왔던 관념을 바꿔야 하는 상황을 일컫습니다.

레바논 태생의 미국의 경제학자이자 통계학자인 나심 니콜라스 탈레브(Nassim Nicholas Taleb, 1960년~)는 1697년 네덜란드 탐험가 윌리엄 드 블라밍(Willem de Vlamingh)이 서부 오스트레일리아에서 기존에 없었던 '흑고니'를 발견한 것에서 착안하여 전혀 예상할 수 없었던 일이 실제로 나타나는 경우를 '블랙스완'이라고 부르기 시작했습니다.

우리가 잘 아는 2008년 서브프라임 모기지 사태나 최근의 부동산 폭락 사태도 이에 해당한다고 할 것입니다. 검은 백조 이론의 특징은 다음과 같습니다.

옆집보다 잘 사는 부동산 투자비밀

첫 번째, 예외적으로 일어나는 사건이다.

두 번째, 일단 발생하면 엄청난 변화를 초래할 만큼 충격적이다.

세 번째, 블랙스완이 발생한 이후에는 사람들이 사전에 예측할 수 있었다고 받아들인다.

그런데 이 블랙스완의 부작용은 의외로 상당히 타격이 심할 수 있습니다. 너무 낙관적인 확증편향으로 과도한 레버리지를 일으켰기 때문에 한 번에 재산이 제로가 될 수도 있습니다.

따라서 언제나 보수적인 투자[106]와 분산 투자가 정답입니다. 미국의 많은 투자자들이 버크셔 헤더웨이(Berkshire Hathaway)의 현금보유량을 투자의 한 척도로 여기는 이유도 여기에 있습니다. 자산 폭락 시 오히려 현금 그 자체가 가치상승을 이끌어냅니다. 즉, 삶과 생활에 불확실성을 견뎌내기 위한 안전 장치가 필요합니다.

## 현명한 투기보다 투자를 해야 하는 이유

가치투자의 아버지라 널리 알려져 있는 벤저민 그레이엄은 투자(Investment)와 투기(Speculation)를 다음과 같이 구분했습니다. "투자란 철저하고 완전한 분석을 통해 원금보장과 만족할 만한 수익을 얻는 행위이고

---

[106] 현대적인 투자이론을 개척한 필립피셔(Philip Arthur Fisher)가 그의 저서 '보수적인 투자자는 마음이 편하다(Conservative Investors Sleep Well & Developing an Investment Philosophy)'에서 언급했습니다.

이러한 요건을 충족하지 못하면 투기가 됩니다."[107]

　그는 또 다음과 같은 취지의 얘기를 했습니다. "투자를 아무리 잘해도 돈을 잃을 수 있는 것처럼 반대로 투기로 돈을 벌 수는 있다. 즉 투기 중에서도 현명한 투기가 있을 수 있다." 그리고 투기를 다음과 같이 구분했습니다.

| | |
|---|---|
| **현명한 투기**<br>(Intelligent speculation) | 긍정과 부정의 양면을 주의 깊게 보고<br>정당하게 보이는 위험을 감수하는 것<br>(The taking of a risk that appears justified<br>after careful weighing of the pros and cons) |
| **몰지각한 투기**<br>(Unintelligent speculation) | 상황에 대한 적절한 분석 없이<br>무모하게 위험을 감당하는 것<br>(Risk taking without adequate study of the situation) |

　즉, 투기를 하더라도 상황변화에 대한 최소한의 분석은 해야 한다는 것입니다. 지난 몇 년 동안 국내 부동산 시장은 투자적인 면보다는 투기적인 면이 많았다고 보여집니다. 특히, 위 표의 '몰지각한 투기'가 많았다고 생각됩니다. 물론 어느 것이든 돈만 벌면 되겠으나 위험에 대한 검토 없이 무분별한 투기는 절대 하지 말아야 합니다.

---

**107** Benjamin Graham, David L. Dodd, McGraw-Hill, Security Analysis, 6th ed., 1962.
"An investment operation is one which, upon thorough analysis, promises safety of principal and a satisfactory return. Operations not meeting these requirements are speculative."

## ▎프로는 시간이란 기회비용에 더 집중한다

투자 대상을 찾기 위해 많은 시간을 들여서 손품과 발품을 팝니다.

- 먼저 좋은 입지를 찾게 됩니다.
- 좀 더 고수는 입지의 변화를 판단합니다.
- 프로는 시간이란 기회비용을 더 중요하게 생각합니다.

누구나 처음에는 기본적인 입지 조사부터 시작합니다. 학군, 교통망, 일자리, 생활 인프라, 매매가-거래량-전세가율 변화 등을 조사하여 비교 우위에 있다고 생각되는 지역에 집중합니다.

좀 더 고수는 입지의 변화에 따른 가격의 차이를 예상하며 투자합니다. 예를 들어 특정 지역에 ○○○○ 시설이 들어서게 되면 그와 같은 시설이 이미 들어선 다른 지역에서 어떤 가격 변화가 있었는지 조사하여 비교 판단합니다.

일반적으로 입지변화를 유발하는 요소는 다음과 같습니다.

- 새로운 교통망 구축
- 각종 개발호재(지구단위계획, 정비사업, 도시재생, 도시개발 등)
- 새로운 일자리 창출, 업무단지 조성
- 특정 시설 건축(대형 쇼핑몰이나 공공기관 건축 등)

물론 이러한 것들은 입지 변화를 일으키고 이를 쫓는 투자 성공사례도 많습니다. 그렇지만 항상 그런 것은 아닙니다. 오히려 장기간 투자금이 묶이는 경우도 있습니다.

"입지변화가 어떻게 가치(가격)의 차이로 환산될 수 있는가"라는 것은 중요한 문제입니다. 예를 들어 현재 ○○지역에서는 2023년 12월 오픈을 목표로 초대형 쇼핑몰의 탄생을 기다리고 있습니다. 현지에서는 집값 상승에 큰 기대감으로 ○○○만 원에서 ○억 원에 이르기까지 각기 다른 상승 폭을 예상하고 있습니다. 물론 그런 호재가 도움은 되지만 그렇다고 해서 얼마까지 오를 것인지 예상하는 것은 자칫 그릇된 판단이 될 수 있습니다. 특히 변동성이 큰 경제 환경에서는 그렇습니다.

이때 프로가 더욱 중요하게 생각하는 것은 '이익의 실현'이고 '시간'이라는 기회비용입니다. 다시 말하면 입지(변화)도 중요하지만 자신의 호주머니에 남을 수 있는 '실제 이익'에 집중합니다. 그래서 잘 파는 것을 가장 우선적으로 생각합니다.

즉, 내 물건을 남들이 탐낼 때 팔아야 한다는 것입니다. 대표적인 정비사업인 재개발을 예로 들겠습니다. 재개발 투자의 핵심은 사업성이 좋은 구역에서 감정평가에 유리한 물건을 싸게 사는 것입니다. 그러나 프로는 아무리 좋은 구역의 물건이라도 남들이 사고 싶어 할 때 팝니다. 정비사업에는 다양한 사업 리스크가 있으므로 이익실현을 하는 것이 중요하기 때문입니다.

그래서 프로는 다양한 투자 포트폴리오를 구성하고 있습니다. 첫째는 다양한 부동산 유형으로 분산 투자하며, 둘째는 다양한 투자 (후보) 구역을 선정하고, 셋째는 투자 타이밍을 다양화시키고 있습니다. 즉 일종의 부동산 분산 TPO(Time, Place, Occasion) 전략을 구사하고 있습니다. 그러기 위해서 늘 연구·분석하고 임장에 게으르지 않습니다.

옆집보다 잘 사는 부동산 투자비밀

# 6-3
# 하락장에 더 돋보이는 실력

## 프로는 잘 파는 것에 집중한다

고수는 파는 시점에 주목합니다. 잘 팔아야 남기 때문입니다. 누군가 사 줄 사람이 있어야 팔 수 있다는 것을 너무 잘 알고 있습니다. 정점에서 거래량이 많았다는 뜻은 그 가격에서 매수한 사람도 있지만 매도한 사람도 있다는 뜻입니다. 즉, 누군가는 고점에 샀다는 뜻이지만 다른 누군가는 그 고점에서 매도했습니다.

앞에 5장에서 제시한 그림을 다시 보겠습니다. (송파 잠실엘스아파트 85㎡ 실거래가)

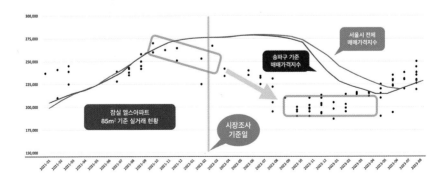

위의 그림이 주는 의미를 정리하면 다음과 같습니다. 실거래가는 2021년 가을부터 하향추세로 반전된 반면에 KB매매가격지수는 상당 기간동안 횡보했다는 것입니다. 이미 거래량과 매매가액이 줄어드는 추세 전환을 했음에도 매매지수는 그간의 관성에서 벗어나지 못하고 지난 수 년간의 기대 심리에 묶인 상태로 혹시나 하는 마음에서 유지되었습니다.

한편 2022년 대통령 선거 직전인 2월 중순, 약 30여 명의 스터디 회원과 서울, 경기, 인천 등의 40여 개 지역의 부동산 중개업소를 직접 방문하여 호가와 매물량을 조사했습니다.

합리적 조사를 위해 85㎡가 1천여 세대 이상인 대단지에 있는 중개업소에 매도자와 매수자 입장으로 방문하여 시장 분위기를 파악했습니다. 결과를 정리하면 다음과 같습니다.

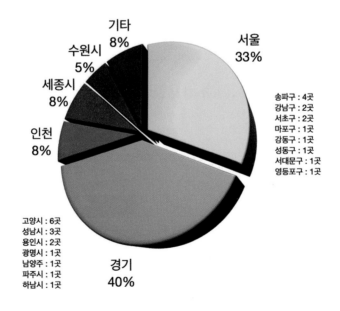

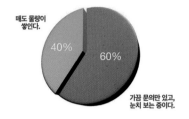

**요즘 매물이 어느 정도인지?**

가끔 문의만 있고, 눈치 보는 중이다. (24/40)
매수세는 없고, 매도 물량이 쌓인다. (16/40)
매수 희망자가 많다. (0/40)

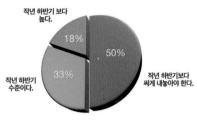

**매도호가 수준**

작년 하반기 보다 싸게 내놓아야 한다. (20/40)
작년 하반기 수준이다. (13/40)
작년 하반기 보다 높다. (7/40)

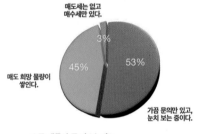

**요즘 매물이 좀 나오는지?**

가끔 문의만 있고, 눈치 보는 중이다. (21/40)
매도 희망 물량이 나오고 있다. (18/40)
매도세는 없고, 매수세만 있다. (1/40)

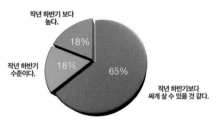

**매수자 입장 : 매도호가 수준**

작년 하반기 보다 싸게 살 수 있을 것 같다. (26/40)
작년 하반기 수준이다. (7/40)
작년 하반기 보다 높다. (7/40)

위의 조사결과를 한마디로 요약하면 매수자 입장에서 오히려 매도호가가 내려가고 있는데 매도 예정(희망) 물량이 더 쌓이고 있다는 것입니다. 다시 말하면 가격 하락에 대한 두려움이 커지고 있으며 매수를 보류하는 시장 관망세력이 더 많아지고 있음을 알 수 있습니다. 폭락 조짐과 그 두려움이 커져가고 있다는 반증입니다.

누군가는 사지만 '다른 누군가'는 팝니다. 이미 2021년 여름부터 거래 시장 변화의 시그널은 나오기 시작했습니다. 높은 가격에 잘 팔았던 '다른 누군가'는 금리 상승에 따른 비용 증가와 투자 심리 위축, 정부의 대출 억제 정책에 주목했습니다.

## 풍선을 비껴가는 전략

2020년 6월 17일에 발표된 부동산 대책 중에 하나가 인천 지역을 투기과열지구로 지정한 것입니다. 2019년에서 2020년 상반기에 이르기까지 여기저기 풍선효과가 걷잡을 수 없을 만큼 일어나고 있었습니다. 특히 이날 발표된 것은 인천 지역을 조정 대상 지역으로 지정도 안 하고 곧바로 투기과열지구로 지정한 것이라 그만큼 인천 지역의 급등이 예상되었습니다.

그런데 김포 지역이 아직 규제 지역으로 지정되지도 않았는데도 불구하고 그 날 오후, 김포 지역 부동산 중개업소에는 급히 매물을 찾는 전화가 빗발치고 일시에 김포 지역 아파트 매물이 동이 났습니다. 잘 안 팔리던 김포 지역 아파트였는데도 말입니다. 얼떨결에 어떤 소유자는 바로 매도했지만 매물을 거두어들인 소유자도 있었습니다. 이제 김포 지역도 규제 지역으로 지정될 것이 뻔히 예상되는 시나리오였습니다. 그해 11월에는 김포 지역이 그리고 12월에는 파주 지역이 조정 대상 지역으로 지정되었습니다.

이때 프로는 이렇게 투자했습니다. 어차피 인천이 규제 지역으로 지정되면 수도권에서 남아 있는 비규제 지역인 김포와 파주도 규제 지역으로 지정될 것이 뻔히 예상됩니다. 특별히 정부의 정책 기조가 바뀔 것도 아니기 때문이고 더욱 중요한 것은 사람들의 투자 심리(열기)가 식을 가능성도 없었기 때문입니다.

그래서, 남들은 김포와 파주로 달려갈 것이므로 아예 눈을 다른 곳으로 돌렸습니다. 즉 풍선효과를 비껴간 것입니다. 즉, 어차피 고양시(일산)와 인천이 규제 지역으로 지정된 상태에서 추가로 김포와 파주까지 규제된다면, 수도권 서부 지역은 세금이나 대출 측면에서 비슷한 여건이 될 수밖에 없습니다. 또한, 당시까지만 하더라도 아파트에 비해 오피스텔은 투자 우선순위에서 밀려난 상태이지만 아파트의 대체재로서 입지가 좋고 신축대단지를 이루는 곳이라면 충분히 투자가치를 가질 수밖에 없습니다. 그래서 GTX-A가 들어설 예정인 일산 킨텍스역 인근 오피스텔에 진입했습니다.

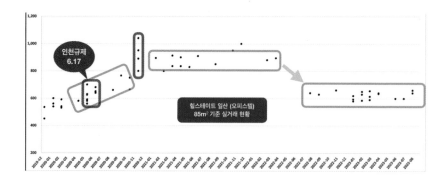

위 그림을 보면 2020년 6월까지의 거래 양상과 그 이후가 급격히 다른 양상을 보이고 있습니다.

실거래가가 5-6억 원에서 6개월 만에 8억-10억으로 급등했습니다.

그러나, 오피스텔이 아파트에 비해 갖는 단점도 충분히 알기 때문에 바로 빠져나올 생각을 합니다.

즉, 오피스텔 자체가 주택으로서 장점을 충분히 갖췄다는 것이 아니라 어쩔 수 없는 풍선효과로 일시적으로 오를 수밖에 없는 대체재라는 것입니다. 게다가 그 이후로 분양가 상한제 대상이 아니므로 고가의 분양가로 분양되는 상황이 벌어졌는데, 반면에 시장에 거품이 빠지자 오피스텔은 가장 팔기 어려운 부동산이 되었습니다.

오피스텔의 특성을 잘 아는 프로만이 이번에도 좋은 투자결과를 누렸습니다.

주택 누르니 오피스텔 몸값 폭등 ⋯ "가격상승률 아파트 2배"
〈2021.3.23. 매일경제〉
'분양가 상한제'의 역설⋯ "오피스텔 분양가 아파트보다 높고 평당 1억 넘기도"
〈2021.6.21. 조선비즈〉

　　　　　　옆집보다 잘 사는 부동산 투자비밀

'애물단지' 된 오피스텔 … "취득세 내드릴게요" 다급한 집주인
〈2022.7.14. 한국경제〉
오피스텔 청약 경쟁률 급락 … 41%가 1대1도 안돼 〈2022.11.28. 조선일보〉
오피스텔 매매가 최대폭 하락 〈2023.1.16. 한국경제〉
경기도 오피스텔 가격 하락률 서울 2배 〈2023.4.20. 아시아경제〉

## 타인의 성공사례에서 배운다

임장을 다니다 보면 다양한 사례를 통해 투자의 지평을 넓힐 수 있습니다. 다음은 서울 성동구 성수동에서 얻은 성공사례입니다. 다음 그림은 성동구 성수동2가에 있는 빌라 단지들을 나타내는데 그중에서 성수동2가 268-2번지에 소재한 홍익주택2차 다세대주택에 대한 거래사례를 분석해보겠습니다.

당초 이 다세대주택은 인근 홍익주택1차 단지와 홍익빌라 등과 함께 3개동 44세대가 소규모 재건축을 추진하고 재건축 조합까지 결성했습니다. 그러던 중 2022년에 한 건설사와의 협의로 추진하던 재건축을 포기하고 통매각을 단행했습니다. (2022년 6월)

홍익주택2차의 경우만 보면 지하 1층에서 지상 3층까지 4개 층 16세대로 이루어진 다세대주택이었습니다. 세대당 전유면적은 대략 68㎡이고 대지지분은 약 42㎡[108]였습니다. 그런데 16세대 전부 2022년 6월에 건설 시행사에게 통으로 매각을 단행하고 재건축 추진을 철회했습니다.

세대당 매각대금은 다음과 같습니다.

108 약 12.7평

- 지하 1층 : 13.8억–21.0억 원
- 지상 1층 : 16.7억–18.3억 원
- 지상 2층 : 13.8억–17.9억 원
- 지상 3층 : 10.7억–12.2억 원

매각 전인 2020년 하반기에 거래된 것이 1층 기준으로 4억인 것을 감안하면 엄청난 양도차익이 생겼음을 알 수 있습니다. 왜 이런 일이 생겼을까요? 인근 땅값이 평당 2억–2.5억임을 감안하면 시행사 입장에서는 오히려 이런 빌라단지를 매입해서 싼 값으로 토지를 확보하는 것이 더 매력적이기 때문입니다. 이후에 인근 다세대주택이 급등했음은 말할 필요가 없습니다.

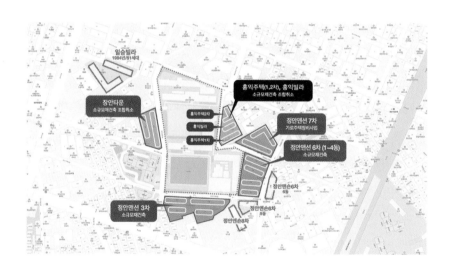

옆집보다 잘 사는 부동산 투자비밀

# 프로의 임장은 이렇습니다

## 눈에 보이는 것이 전부가 아니다

프로의 임장[109]은 사전 기초 자료를 충분히 모아 관심 있는 동네를 구석구석 충분히 돌아다닙니다. 가격 차이가 있으면 왜 같은 동네에서도 이런 가격 차이가 생기는지 그 이유를 따져봅니다. 동네 토박이분들과 이야기를 나누며 동네가 어떻게 변화되었는지 알아봅니다. 그리고 이웃 동네 중개사무소를 먼저 찾아가서 내가 관심 있는 물건지 동네에 대한 상황을 확인하고 단점을 찾아본 후 관심 있는 동네 중개사를 마지막에 만나서 나의 관심 매물에 대해 자세한 설명을 듣습니다. 마무리로 중개사님의 가치 판단과 내가 물건에 대해 충분히 알아본 변화의 가치를 대비해봅니다.

같은 지역에서 다른 동네를 서로 비교할 수도 있지만 다른 지역이라도 같은 방식의 입지변화를 예상해보는 것이 더 중요합니다. 예를 들어 영

---

109 임장에 대한 기본적인 준비사항이나 방법은 다음 7장에 나와 있습니다.

등포 경인로와 장한평을 비교해보고, 용산공원의 개발 방향과 영향을 서울 숲과 비교해봅니다. 같은 값이면 어디가 좋을지 먼저 개발된 곳을 분석해서 아직 개발되지 않은 비슷한 입지를 대입해봅니다. 현재 좋은 곳은 누구나 알 수 있지만, 변화가 많을 곳을 찾는 것은 본인이 직접 임장을 다니지 않으면 알 수가 없습니다. 시야를 넓히고 비교할 수 있는 안목이 생기면 어디를 투자해야 좋을지 즉, 돈이 되는 곳을 스스로 찾을 수가 있습니다.

중개사님, 동네에서 오래 장사한 사장님들, 부동산 강사 등 남의 시각으로 분석하는 것도 중요하지만 결국, 투자의 모든 판단은 본인 몫이기 때문에 끊임없이 비교하고 임장을 다니며 실력을 키우면 자연스럽게 투자할 곳이 보입니다.

## ▎비교할 수 있는 식견을 키우는 것이다

전문가의 의견, 새로운 정책 발표, 뉴스 기사를 읽고 무조건 믿거나 본인이 생각하고 싶은 대로 해석하면 안 됩니다. 인터넷 기사로 보면 놓칠 수 있는 부분이 많아 종이신문을 구독해서 읽으며 관심 기사를 체크하는 것도 좋은 방법입니다.

그리고 경제 분야 블로그를 보면서 내 생각과 어떻게 다른지 확인해보는 것도 좋은 방법입니다. 임장을 가서 새로운 동네를 다녀보면 꼭 전에 다녀왔던 곳과 느낌이 비슷해서 떠오르는 곳이 있습니다.

새로운 동네를 다니면서 비슷한 동네와 하나하나 비교해봅니다. 먼저 개발된 동네는 이렇게 변했는데 여기는 어떻게 변할지 그 동네는 이런 점이 아쉬웠는데 여긴 이랬으면 좋겠다든지 그 동네 상권발달은 공원 중심이었는데 여긴 어디가 제일 많이 발달 될는지 상상을 하며 걸어보는 재미도 쏠쏠합니다.

## 임장은 변화의 가치를 찾는 것이다

변화가 많은 곳, 특히 긍정의 변화가 많은 곳에는 돈이 몰립니다. 일반적으로 소위 전문가 또는 인플루언서라고 불리는 사람들의 의견을 쫓는 경우가 많습니다. 그런데 대부분은 기초적인 부동산 관련 통계[110] 자료나 뻔한 입지정보[111]를 제시하면서 좋은 것들이 많다고 하지만 그런 수준으로는 진정한 투자가치를 얻지 못합니다.

요즘 한 전문가가 서울 수도권에 투자하라 해서 쟁점이 됐습니다. 이것은 예측이 아니라 누구나 다 아는 사실입니다. 중요한 것은 전문가들의 예측만 믿고 무조건 따라가는 것이 아니라 스스로 판단하고 이해해서 앞으로의 변화를 예측할 수 있어야 합니다. 그러기 위해서는 시간 여행하듯 입지변화를 그려가며 판단을 하고, 지역 내부에서 가치에 영향을 주는 본질적인 요소를 파악하고, 다른 지역과 비교하면서 비판적 시각으로 가치를 평가하는 것입니다.

---

[110]  매매가, 전세가율, 거래량, 공급물량 추이 등의 부동산 관련 데이터
[111]  교통망, 생활 인프라, 학군, 일자리 등

스스로 판단하고 이해하려면 다른 사람의 말만 듣고, 검색만 해서는 찾을 수가 없습니다. 모든 곳을 직접 걸으면서 내 눈에 담아야 가능합니다. 바쁘더라도 시간을 정해놓고 꾸준히 다니며 비교하는 일이 습관이 되면 보는 안목이 달라지고 변화의 흐름을 읽을 수 있습니다. 혼자 시작하기 어려운 분들은 각종 스터디 모임을 통해 동기부여를 해보는 것도 좋은 방법입니다.

옆집보다 잘 사는 부동산 투자비밀

# 7

## 나만의 기술
## : 손품과 발품

'지금 이 시장에서 어떻게 해야 돈을 벌 수 있을까?'

민정 씨는 스탠리님을 만난 이후로 이런 고민을 하는 시간이 많아졌습니다. 부동산에 관심을 가지는 이유는 다양하겠으나, 투자자로서 부동산을 산다면 목적은 한 가지일 것입니다. 바로 돈을 버는 것이지요.

투자로 돈을 버는 기술은 한순간에 키워지는 것이 아닙니다. 평소 부동산에 관심을 갖고 꾸준히 공부해야 합니다. 직장동료, 부동산 사장님이나 유명 유튜버의 말만 믿는 것이 아니라 스스로 기초자료를 확인하고 판단할 수 있는 능력이 중요합니다. 요즘에는 프롭테크의 발달로 고급 정보들을 어디서나 쉽게 접할 수 있습니다. 손품과 발품 기술을 잘 익혀두면 자신만의 무기로 활용할 수 있습니다.

# 7-1
# 프롭테크로 시작하는 손품

현재 시중에 나와 있는 프롭테크 앱은 종류도 많고 그 기능도 가지각색입니다. 각 종류별 기능을 익혀둔다면 향후 부동산 투자에 있어 많은 도움이 될 것입니다. 실제 거주가 목적인지, 투자가 목적인지에 따라 접근 방법이 달라지겠지만 여기서는 기본적인 사항에 대해 알아보도록 하겠습니다.

## 다양한 프롭테크 앱

○ 호갱노노(hogangnono.com)

보통 스마트폰으로 관련 자료를 많이 찾습니다. 호갱노노는 첫 화면이 현재 내가 위치한 지역을 기준으로 표시되기 때문에 해당 지역의 부동산 가격을 알기 편합니다.

지도에 표시된 해당 아파트 가격을 눌러 들어가면 주소, 세대수, 년차, 용적률, 건폐율 등과 같은 정보 확인이 가능합니다. 내가 알아보고자 하는 아파트가 몇 년 차 인지, 평수에 따라 최근 실거래가 1개월 평균 가격이 얼마인지 알기 쉽습니다. 거래량과 가격이 그래프로 표시되어 있어 한눈에 알 수 있습니다. 타입별 평면도는 물론 '살아본 이야기'에서 해당 아파트에 대해 글을 남길 수 있어 거주하지 않더라도 내부 사정을 알 수 있습니다.

이외 필터 기능을 사용하여 평형, 세대수, 전세가율, 갭 가격 등 여러 가지 조건을 지정하고 검색할 수 있는 기능이 있습니다.

○ 네이버 부동산(land.naver.com)

대한민국 대표 플랫폼인 네이버의 프로테크 앱입니다. 현재 매물 가격을 알 수 있어 부동산에 방문하는 수고를 덜어줍니다. 이때 나온 매물은 가격은 물론 해당 동, 층수와 평수, 향 등 자세한 정보가 공개됩니다. 현재 매매는 몇 건이나 있고 전세와 월세는 몇 건이나 올라와 있는지 알 수 있습니다.

매물이 많이 나와 있다면 통상 집값이 떨어진다는 신호로 볼 수 있으며 매물이 줄어들고 있다면 집값이 올라간다는 신호로 볼 수 있습니다. 이외 분양정보, 부동산 관련 주요 뉴스들을 확인할 수 있습니다.

조금 더 세밀한 정보를 파악하고 싶을 때 이용하면 좋습니다. 지도에 앞으로의 교통편이나 재건축 재개발 정보가 잘 나와 있어 확인하기 편리합니다.

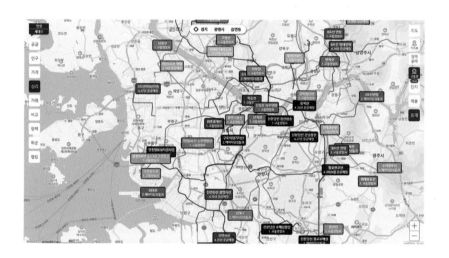

또한 입주물량을 체크하기가 수월합니다. '입주물량'을 누르고 원하는 지역을 검색해봅니다. 예를 들어 경기도 광명시를 검색하면 오른쪽 그림과 같이 다양한 정보들이 한눈에 들어옵니다.

2025년을 기준으로 하였을 때 적정수요는 1,402가구인데 공급되는 가구 수는 7,389입니다. '대체지역 추가' 버튼을 눌러 인근 지역을 추가해보았습니다. 광명시와 인접해 있는 서울시 구로구와 금천구, 경기도 시흥시를 추가해보았습니다. 2024년에는 수요에 훨씬 미치지 못하고 2025년에는 적정수요를 넘어서는 모습이 확인됩니다.

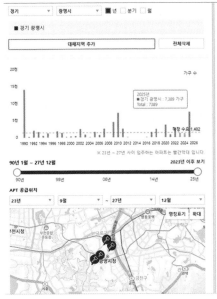

**APT 입주물량**  출처 : 분양물량조사

| 위치 | 단지명 | 입주년월 | 총세대수 |
| --- | --- | --- | --- |
| 경기 광명 광명동 | 광명자이더샵포레나 | 2025년 12월 | 3,585세대 |
| 경기 광명 철산동 | 철산자이더헤리티지 | 2025년 5월 | 3,804세대 |
| 경기 광명 광명동 | 호반써밋그랜드에비뉴 | 2024년 10월 | 1,051세대 |
| 경기 광명 광명동 | 광명푸르지오포레나 | 2023년 9월 | 1,187세대 |
| 총 세대수 | | | 9,627세대 |

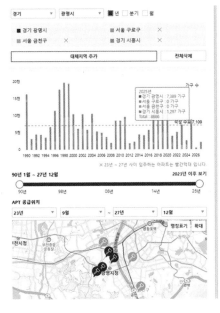

**APT 입주물량**  출처 : 분양물량조사

| 위치 | 단지명 | 입주년월 | 총세대수 |
| --- | --- | --- | --- |
| 경기 시흥 은행동 | 시흥롯데캐슬시그니처(2블럭) | 2027년 7월 | 903세대 |
| 경기 시흥 은행동 | 시흥롯데캐슬시그니처(1블럭) | 2027년 5월 | 1,230세대 |
| 경기 시흥 장현동 | 시화MTV푸르지오디오션(주상복합) | 2026년 5월 | 400세대 |
| 경기 광명 광명동 | 광명자이더샵포레나 | 2025년 12월 | 3,585세대 |
| 경기 시흥 신천동 | 신천역한라비발디 | 2025년 9월 | 1,297세대 |
| 경기 광명 철산동 | 철산자이더헤리티지 | 2025년 5월 | 3,804세대 |
| 경기 광명 광명동 | 호반써밋그랜드에비뉴 | 2024년 10월 | 1,051세대 |
| 서울 금천구 시흥동 | W컨템포287(도시형) | 2024년 9월 | 151세대 |
| 경기 시흥 군자동 | e편한세상시흥장현퍼스트베뉴 | 2024년 8월 | 431세대 |
| 서울 구로구 개봉동 | 산업지별에스테이트개봉역 | 2024년 7월 | 101세대 |
| 서울 구로구 가리봉동 | 남구로역동일센타시아 | 2024년 4월 | 162세대 |
| 경기 시흥 장곡동 | 시흥장현A-3블록 | 2024년 2월 | 534세대 |
| 경기 시흥 능곡동 | 효성해링턴플레이스목감역 | 2024년 1월 | 145세대 |
| 경기 시흥 장곡동 | 시흥장현A9BL 신혼희망타운 | 2023년 9월 | 1,232세대 |
| 경기 광명 광명동 | 광명푸르지오포레나 | 2023년 9월 | 1,187세대 |
| 총 세대수 | | | 16,213세대 |

특히, 이사를 가야 하거나 전세를 주어야 할 때 입주장과 맞물리게 되면 세입자를 구하기 어려워질 수도 있고 지역 전세 시세가 흔들릴 수도 있습니다. 이러한 입주 흐름을 잘 알아두면 언제 집을 사고팔지 가늠하는 데 도움이 됩니다. 또한 인구변화, 학군정보, 매수심리, 여러 단지 비교, 거래량 등을 손쉽게 알아볼 수 있으니 해당 사이트를 잘 활용해보시기 바랍니다.

○ **씨리얼**(seereal.lh.or.kr)

씨리얼은 LH한국토지주택공사에서 운영하는 부동산 정보 공공포털입니다. 토지, 주택 등 부동산 정보 뿐만 아니라 통계, 트렌드, 전문가 분석 등 다양한 콘텐츠 이용이 가능합니다.

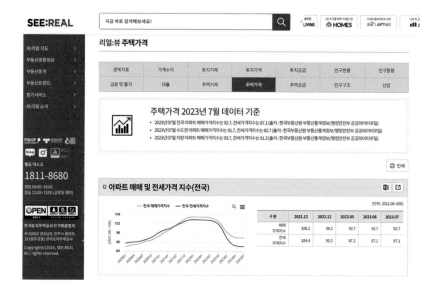

옆집보다 잘 사는 부동산 투자비밀

이외에도 경제지표(경제성장률, 실업률, 부동산소비자 심리지수 등), 가계수지(월 평균가구소득 등), 인구현황, 금융 및 물가와 같은 자료를 확인할 수 있어 거시적인 경제 흐름을 확인하기 용이합니다.

또한, 공시가를 확인할 수 있습니다. (PC 기준) 왼편에 씨리얼지도-가격검색지도 후 원하는 지역 검색 부동산 계산기 기능이 있어 중개수수료율, 취득세, 증여세 등의 검색기능이 있습니다.

○ 국토부 실거래가 조회시스템(rt.molit.go.kr)

부동산 집값을 띄우기 위해 일부 몇몇이 허위로 신거래가로 계약을 하고 취소하는 사례가 있었습니다. 이런 사례를 막기 위해 2023년 7월 25일부터 실거래가뿐만 아니라 등기일자도 표시되는 제도가 생겼습니다. 2023년 1월 1일 이후 신고 된 전국의 아파트부터 등기 일자를 공개합니다(연립, 다세대는 2024년 상반기에 등기일자를 공개할 예정). 통상(거래계약) 신고-잔금-등기까지는 4개월이 소요되기 때문에 현시점에서 4개월이 지났음에도 소유권 이전 등기가 이행되지 않은 거래는 의심해볼 수 있습니다.

해당 거래가 실제로 소유권이 이전된 등기까지 된 건인지 의심스럽다면 꼭 국토부 실거래가 조회시스템에 들어가 등기여부를 확인하시기 바랍니다. 국토부 실거래가 조회시스템에 들어가서 위쪽 탭에 '아파트'를 눌러 해당 지역과 아파트명을 입력하면 조회가 가능합니다.

| 전용면적(㎡) | 계약일 | 해제여부 | 해제사유발생일 | 등기일자 | 거래금액(만원) | 층 | 거래유형 | 중개사소재지 | 전산공부 |
|---|---|---|---|---|---|---|---|---|---|
| 84.93 | 8 | | | 23.08.10 | 142,000 | 16 | 중개거래 | 서울 서대문구 | 보기 |

**· 6월**

| 전용면적(㎡) | 계약일 | 해제여부 | 해제사유발생일 | 등기일자 | 거래금액(만원) | 층 | 거래유형 | 중개사소재지 | 전산공부 |
|---|---|---|---|---|---|---|---|---|---|
| 84.93 | 21 | | | 23.09.15 | 139,000 | 16 | 중개거래 | 서울 서대문구 | 보기 |
| 59.85 | 3 | | | 23.08.10 | 121,500 | 8 | 중개거래 | 서울 서대문구 | 보기 |
| 84.98 | 1 | | | | 143,500 | 14 | 중개거래 | 서울 서대문구 | 보기 |

**· 5월**

| 전용면적(㎡) | 계약일 | 해제여부 | 해제사유발생일 | 등기일자 | 거래금액(만원) | 층 | 거래유형 | 중개사소재지 | 전산공부 |
|---|---|---|---|---|---|---|---|---|---|

※ 붉은색으로 표시된 자료는 「부동산 거래신고 등에 관한 법률」 제3조2에 따라 해제신고된 자료입니다.

이외 국토부 실거래가 조회시스템에서는 아파트뿐만 아니라 토지, 오피스텔, 공장/창고, 분양/입주권 등에 관한 실거래를 알 수 있습니다. 또한 미분양주택, 주택 거래량과 같은 자료를 매달 발표하고 있으니 참고하시기 바랍니다.

○ 대한민국 법원 등기정보광장(data.iros.go.kr)

대한민국 법원 등기정보광장에서는 등기기준 실거래가를 확인할 수 있습니다. 일명 '집값 띄우기'의 일환으로 거래를 했다가 취소하는 경우가 발생하는데 법원등기정보 광장에서는 등기완료된 실거래가를 나타내기 때문에 이런 가짜 데이터를 걸러낼 수 있습니다. 이외 전국부동산 매매현황을 한눈에 파악하기 쉽습니다.

옆집보다 잘 사는 부동산 투자비밀

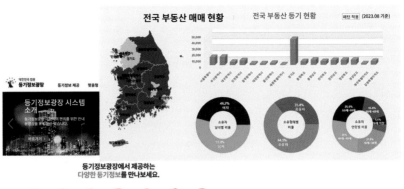

○ 리치고(m.richgo.ai/pc)

　기본적인 사항에 대한 확인은 물론 가능하고 거주환경과 같은 사항을 한눈에 보기 편리하도록 되어 있습니다. '부동산 분석도구'라는 기능이 있어 여러 가지 데이터를 분석하기 좋습니다. 특히, 매물의 증감을 확인할 수 있습니다.

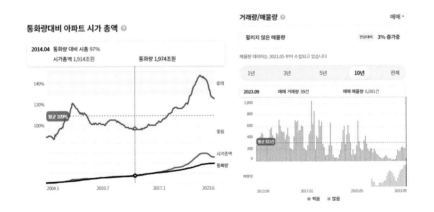

○ 소상공인마당 상권정보 시스템(sg.sbiz.or.kr)

원하는 지역을 검색하면 간단 분석(유동인구, 매출 등의 주요현황)과 상세분석(회원가입 해야 함)을 할 수 있습니다. 업종에 따라 원형, 다각, 반경 등으로 다양하게 상권분석이 가능합니다. 보고서 구독서비스는 지역 상권에 대한 정보를 편리하게 이용할 수 있습니다.

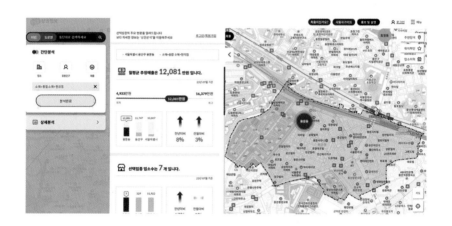

○ 토지이음(www.eum.go.kr)

'토지이음'이란 토지이용규제, 도시계획정보를 한눈에 확인할 수 있는 종합포털 서비스로 국토교통부에서 운영하고 있습니다.

특히, GIS 서비스를 도입하여 다양한 지도 보기가 가능하고, 특정 시점의 확인도면도 볼 수 있습니다. 또한 지번별 용도지역 · 용도지구의 지정 및 해제 이력, 필지의 분할 · 합병 등 토지이동 정보도 확인할 수 있습니다. 더불어 도시 · 군 계획사업 등 사업의 결정부터 실시 계획 인가까지 관련된 고시정보를 통합 제공하고 있어서 해당 사업의 진행 상황을 쉽게 알 수 있습니다.

다음 그림에서 '규제안내서' 탭으로 들어가면 각종 규제 사항을 확인할 수 있습니다.

○ 기타

집을 보러 갔는데 상대방과 시간이 맞지 않아 저녁에만 구경할 수도 있습니다. 이때 집 안에 햇빛이 얼마나 들어오는지 확인할 수 있다면 얼마나 좋을까요? **'직방'**[112]의 '3D 단지투어'라는 기능이 있습니다. 원하는 단지의 동과 호수를 찍으면 집 내부에 계절별, 시간별로 햇살이 얼마만큼 들어오는지 알 수 있습니다. 이외에도 **'부동산지인'**이나 **'다윈중개'** 등도 활용성이 좋습니다.

112  직방(www.zigbang.com)

## 재개발, 재건축 관련 정보

재개발과 재건축 등과 같은 정비구역을 정확히 알아보기 위해서는 각 지역별로 찾아봐야 합니다.

- 서울 : 서울특별시 정비사업 정비몽땅 cleanup.seoul.go.kr
- 부산 : 부산광역시 정비사업 통합페이지 dynamice.busan.go.kr
- 인천 : 인천광역시 추정분담금 정보시스템 renewal.incheon.go.kr
- 경기 : 경기도 추정분담금 시스템 gres.gg.go.kr

한 번에 확인하고 싶다면 앞에서 이야기한 '아실'에서는 지도로 검색해보세요. 정비사업이 지도에 표기되어 있기 때문에 정비구역 지정현황을 쉽게 알 수 있습니다. 다만 정보가 정확하지 않을 수 있으니 해당 지역 정비구역 홈페이지에서 다시 한번 확인해보시기 바랍니다. 또한 '리치고'에서는 정비사업 진행 단계를 확인할 수 있습니다.

## 도시계획 관련 정보

도시는 한정된 공간입니다. 그 안에서 효율적이고 합리적인 도시를 만들기 위해 도시계획이 세워집니다. 토지이음에서는 도시계획에 필요한 기초 자료 통계를 제공하기도 하고 정보마당-자료실-도시·군 기본계획에 가보면 한 자리에서 전국의 도시기본계획을 확인할 수 있습니다. 도시의 변화가 궁금하다면 기본계획부터 읽어보면 좋습니다.

옆집보다 잘 사는 부동산 투자비밀

서울은 서울도시계획포털(urban.seoul.go.kr)에서 확인할 수 있습니다.[113]

'주요기본계획-2040서울도시기본계획'으로 큰 내용을 확인하고 '주요기본계획-2030서울 생활권계획'에서 조금 더 구체적으로 권역별, 행정구 별 변화 계획을 확인하실 수 있습니다. 그리하여 내가 살고 있는 지역, 내가 가고자 하는 지역이 어떻게 바뀌는지 기본적으로 확인하시기 바랍니다. 아울러 주의해야 하는 것은 계획은 말 그대로 계획일 뿐이라는 것입니다. 해당 계획이 차질 없이 잘 진행되는지 실행여부는 실제임장을 통해 꼼꼼히 확인하는 노력이 필요합니다.

---

113 http://urban.seoul.go.kr

# 발품으로 완성되는 물건 선별

## 임장이란 무엇인가?

'관심이 가는 부동산 물건이 있는 현장에 직접 가서 확인하는 활동'을 임장이라고 합니다. 요즘은 **'발품'**이란 말로 많이 쓰입니다. 물건의 현재가치와 미래가치를 직접 현장에 가서 파악하는 것이 무엇보다 중요합니다. 이때, 물건 그 자체만 분석하는 것보다는 해당 물건이 위치한 지역이 그동안 어떻게 변해왔고 앞으로의 변화는 어떻게 될지 파악하는 것도 중요합니다.

부동산 투자를 시작할 때 혼자 공부하고 중개업소에 가서 물건을 사고팔며 수익을 내는 사람은 드물고 대부분 투자 커뮤니티나 학원에서 강의를 듣고 임장 조를 짜서 삼삼오오 임장을 다닙니다. 처음 시작했다고 해서 다 같은 초보는 아닙니다. 투자 경험이 있는 사람들도 많이 있고, 데이터를 잘 다루는 사람, 지역 분석을 잘하는 사람, 부동산 중개사님하고 이야기를 잘하는 사람 등 다양합니다.

여럿이 같이 임장을 하면 중개사 사무실 방문 시 서로 의지도 되고 배울 점도 많습니다. 이때 중요한 것은 그저 구경하듯 다니지 말고 적극적으로 참여하여 실제 부동산을 매입하듯이 임장을 다녀야 합니다. 또한 다른 사람의 평가 기준으로도 가치 판단을 하는 것도 좋습니다.

자신의 판단기준을 끊임없이 수정하며 통찰력을 키워야 합니다. 소중한 시간을 내어 임장을 다녀왔으니 열심히 했다는 뿌듯함만 있으면 본인의 실력은 절대로 늘지 않습니다.

나의 생각이 담긴 임장을 하려면 어떻게 해야 하는지 효율적인 임장 방법을 알아보려고 합니다. 어렵다고 생각하지 말고 하나씩 따라 해보면 부동산 투자의 시작인 임장이 익숙해질 수 있습니다.

## ▌손품을 활용한 사전 임장

임장을 가기 전 사전 임장(손품)을 하면 처음 가는 지역이지만 어색하지 않고, 가서 내가 무엇을 확인해야 할지 미리 파악을 해두면 임장을 효율적으로 다닐 수 있습니다. 사전 임장보고서까지 만들 필요는 없지만 내가 관심 있는 물건을 제대로 판단하기 위해서는 꼭 해야 하는 중요한 절차입니다.

컴퓨터를 잘 다루는 사람들은 데이터 편집과 지도, 인터넷상에 있는 정보 등을 이용해 화려한 보고서를 만듭니다. 초보자일 때 그런 보고서를 접하면 주눅이 들고 부동산 공부하기도 힘든데 컴퓨터 공부까지 해야 하나 싶은 생각이 듭니다.

임장보고서는 타인을 위해 만드는 자료가 아닙니다. 내가 그 지역을 이해할 수 있고 투자가치 판단만 할 수 있으면 됩니다. 시각적인 자료가 있으면 보기에는 편리하지만 만드는 게 부담스럽고 어렵게 느껴진다면 사전조사 내용을 글로 풀어 써보는 것도 좋은 방법입니다. 지도를 그릴 수 없다면 네이버 지도를 출력해 손으로 표시합니다. 임장 가기 전에 그 지역에 무엇이 있는지 지도위에 표시만 해봐도 많은 도움이 됩니다. 다른 사람에게 보여주기 위한 보고서가 아닌 나를 위한 사전 임장을 해야 합니다.

내가 관심 있는 물건지 지역의 호재, 교통, 교육환경, 상권, 아파트 시세, 학군, 편의시설을 조사합니다. 이를 하기 위한 프롭테크 앱은 앞에서 설명했듯이 다양합니다. 앱 사용이 처음엔 서툴고 어색하지만 몇 번 하다 보면 쉽게 친숙해질 수 있습니다.

### ○ 첫째, 지도를 살펴봅니다

임장 갈 지역이나 단지가 정해지면 일단 네이버 지도를 검색합니다. 아파트 주변에 역, 공원, 버스정류장, 병원, 마트, 공원, 편의시설을 찾아보며 지도를 살펴봅니다. 지도에 지적편집 부분을 눌러 색상을 확인도 해봅니다. 분홍색은 상업지역, 보라색은 준공업지역 등이 색에 따라 용적률이 달라져 투자수익에 영향을 미칠 수 있습니다.

### ○ 둘째, 지역공부를 합니다

임장 갈 지역의 호재가 무엇인지 찾아봅니다. 호재가 절대적인 요소는 아니지만 아무런 호재가 없는 곳보다는 호재가 있어 지역이 발전 가능성이 크고 사람들의 관심이 많으면 투자자들이 많이 들어 올 수 있습니다.

관심 지역 관련 뉴스와 기사를 꼼꼼하게 읽어보고 먼저 다녀와 본 사람들의 임장기도 읽어보며 그 사람들은 어떻게 생각했는지 살펴봅니다.

유튜브 검색을 해봅니다. 내가 조사하고 이해한 내용을 다른 사람의 시각으로 어떻게 생각하는지 미리 확인할 수 있습니다. 예를 들어 서울시 종로구 창신동에 관심이 있으면 유튜브에 창신동을 검색해 살펴보면 요즘 실력 있는 중개사님들은 본인의 유튜브 채널을 만들어 지역 설명을 자세하게 해주고 본인이 가지고 있는 물건 광고를 합니다. 부동산에서 들을 수 있는 그 이상의 내용으로 차트를 만들어 보여주기도 하고 직접 운전을 해서 찍은 영상들도 올립니다.

초보자도 쉽게 이해할 수 있는 눈높이 설명으로 중개사 사무실을 방문했을 때와는 다르다 싶을 정도로 아주 친절하고 자세한 설명을 해주기 때문에 유튜브 한 편만 봐도 쉽게 이해할 수 있습니다. 네이버 지도의 로드 뷰를 보는 것도 도움이 됩니다. 현재의 모습도 확인할 수 있지만 연도별 사진을 보면 이 지역이 어떻게 변해왔고 앞으로 어떻게 변할는지 상상해볼 수 있습니다.

○ 셋째, 일자리를 확인합니다

출퇴근에 시간을 많이 소모한다면 삶의 질이 많이 떨어지기 때문에 사람들은 직장과 가까운 곳에 살고 싶어 합니다. 이것을 **직주근접**이라고 하는데 고소득 좋은 일자리가 있는 곳은 한정되어 있고 그곳에서 가깝고 빨리 갈 수 있는 교통수단이 있는 곳의 아파트를 선호해서 상승기 때는 오르고 하락기에도 하락 폭이 크지 않습니다.

○ 넷째, 네이버 부동산을 확인합니다

네이버 부동산으로 아파트 시세, 거래량, 매매와 전세 현황을 살펴봅니다. 가격의 흐름을 보고 오르고 있으면 왜 오르는지 내리고 있으면 무엇 때문에 내리는 이유를 생각해보고 확인해야 합니다. 하한가, 상한가, 실거래가를 확인해야 급매를 판단하고 아파트 가격의 기준을 잡을 수 있습니다.

거래량이 많으면 사람들한테 인기가 있는 아파트여서 하락기에도 가격이 크게 떨어지지 않고 매도하기도 수월합니다. 선호 동/층과 비선호 동/층 가격 차이를 확인합니다.

대부분 사람이 저층을 선호하지는 않지만 3층에서 5층 사이 물건은 거실 소파에 앉았을 때 단지 내 중앙공원까지는 아니어도 나무, 화단, 놀이터가 보이면 작은 정원처럼 편안함을 느끼고 사이드여도 동간 시야 뷰가 확보되는 곳은 고층의 앞 동만 보이는 곳보다는 훨씬 안정감이 있어 처음에 저층이라 마음에 들지 않았던 사람도 실제로 집을 보면 마음에 들어 해서 매도가 쉽습니다.

전세가가 높으면 살고 싶어 하는 사람들이 많다는 의미일 수도 있지만 매가와 전세가 차이가 나지 않으면 사고 싶지는 않고 적당히 살다가 이사하고 싶은 아파트일 수도 있기 때문에 체크해두었다 실제로 부동산 가서 어떤 상황인지 반드시 확인해봐야 합니다.

동네의 다른 아파트 단지 가격도 확인해봅니다. 앞에서 설명한 **'아실'** 앱을 이용하면 가격변동, 거래량, 여러 단지 비교, 최고가 및 최고 상승 단지 등 쉽게 찾아볼 수 있도록 정리가 잘 되어 있습니다.

옆집보다 잘 사는 부동산 투자비밀

전화 임장을 하면 내가 중개사 사무실에 들어갔을 때 원하는 정보를 얻을 수 있을지 미리 연습할 수 있습니다. 중개사무소를 찾는 방법은 네이버 부동산에 들어가 오른쪽에 있는 중개사를 클릭하면 그 지역 모든 부동산이 나옵니다. 위치, 전화번호가 있으니 물건이 제일 많은 곳, 평가가 좋은 곳을 골라 전화를 해봅니다. 전화 임장은 매도자 매수자 양쪽 입장으로 알아봐야 합니다.

매도한다고 하면 1억 이상은 싸게 내놔야 한다고 하고 매수한다고 하면 급매는 다 빠져서 없다고 하는 경우가 있으므로 정확한 가격을 파악하기 위해서는 비교 검토를 해야 합니다. 네이버에 나와 있는 물건이 전부 인지 그 외에도 있는지 실제로 거래 가능한 물건의 개수를 알아보고 전세가 많은지 부족한지 확인합니다. 전세물건이 많으면 세를 맞추기 힘들어 투자를 고민해볼 수도 있습니다.

## 효율성 높은 실전 임장

실전 임장은 어떻게 해야 할까요? 임장을 처음 가는 동네여도 미리 조사를 했기 때문에 한 번 온 적 있나 하는 느낌이 들어 낯설지 않을 것입니다. 임장을 가면 미리 파악했던 내용 중 확인해야 할 항목 리스트를 만들어 가져가 확인하고 적어봅니다.

제일 먼저 임장 시간을 줄일 수 있도록 이동 경로(동선)를 계획하고, 주변 지역을 크게 한번 둘러보며(차로 둘러봐도 도움이 됩니다) 개발 호재가 있는 곳을 가봅니다. 내가 관심 있는 물건의 대중교통과의 거리를 확인하고 학군(학원가), 편의시설, 실제로 유해시설이 있는지 점검해보고 관심 물건의 인테리어 상태 및 투자금을 확인합니다.

### ○ 첫째, 동선을 계획합니다

내가 관심 있는 물건을 한 번 돌아보고 부동산에 가서 가격을 확인하고 근처 맛집 다녀오는 것을 임장이라고 한다면 다녀온 후 내 기억 속에 남는 것이 없습니다. 최대한 많은 것을 보고 내 손품이 맞는지 확인하려면 지도를 보고 동선을 생각하며 임장 코스를 정해서 움직여야 합니다.

임장 지도를 출력하는 프로그램도 있고 시중에 나와 있는 임장 지도도 있지만, 네이버 지도에 들어가 화면 캡처를 해서 출력을 합니다. 출력한 지도에 내가 확인해야 할 곳이 어디인지 표시를 하고 다녀볼 곳의 위치를 확인하고 시간이 절약될 수 있는 코스를 선택합니다.

### ○ 둘째, 주변에 개발 호재가 있으면 가봅니다

근처에 GTX 노선이 들어간 역이 있거나 대학병원 부지 개발계획이 있는 곳이 있으면 직접 가서 보고 개발 가능성이 있는지, 얼마만큼 진행이 이루어지고 있는지 내가 관심 있는 물건지에서 거리가 얼마나 되는지, 지역에 얼마만큼의 파급력이 있을지 확인해봅니다.

### ○ 셋째, 임장할 아파트 단지 순서를 정합니다

사전조사에서 알아본 이 동네 아파트 순위와 가격을 보고 대장 아파트와 내가 관심 있는 아파트를 비교해봅니다. 가격 차이가 왜 나는지 단순하게 비싸니까 좋다고 하는지 아니면 많은 장점이 있고 나도 그렇게 생각하는지 비교해봅니다.

　옆집보다 잘 사는 부동산 투자비밀

물론 지역에서 대장이라고 불리는 비싸고 좋은 아파트가 가격이 가장 많이 오르지만 대장 옆에 있는 준 신축들도 따라서 오르기 때문에 투자처로서는 가장 좋은 곳이 아니어도 투자금 대비 가격이 올라 수익을 보는 것이 중요하기 때문에 꼼꼼하게 파악해봅니다.

## ○ 넷째, 교통시설, 전철역, 버스정류장까지 걸어 봅니다

아파트에서 전철역이나 버스정류장까지 걸어봅니다. 걸어서 10분 내외면 역세권이라고 하는데 직접 걸어보면 20분 거리지만 지름길이 있어 생각보다 멀지 않아 인기 있는 아파트도 있습니다. 교통시설이 중요한 이유는 수도권을 포함한 서울 지역은 지하철이나 버스로 주요 일자리를 얼마만큼 빠르게 갈 수 있느냐에 따라 집값의 순위가 정해집니다.

일자리와 집이 떨어져 있으면 빠르고 편하게 갈 수 있는 교통시설의 중요성이 커집니다. 평상시에는 쉬엄쉬엄 걸어 다니거나 마을버스를 이용해 간다지만 바쁜 출퇴근 시간에는 1분이 소중하기 때문에 교통시설을 이용할 수 있는 시간, 거리의 단축이 중요해 단지 안에서도 길가에 위치한 동은 소음 때문에 좋아하지는 않지만, 버스정류장이나 역으로 가는 거리가 짧은 동은 다른 동에 비해서 인기가 좋습니다.

## ○ 다섯째, 학군을 살펴봅니다

서울과 수도권은 말할 것도 없이 지방일수록 학군이 좋은 아파트 단지만 사도 실패하지 않는다는 말이 있습니다. 학군은 배정받는 학교를 확인하고 편리하게 학원가를 이용할 수 있는지 살펴봅니다. 요즘 대입은 중학교 때 결정 난다고 해서 중학교 학군이 제일 중요합니다.

특목고 진학률이 높은 중학교를 선호해서 그 학교를 배정받는 지역과 단지가 인기가 좋고 초등학교는 안전을 중요하게 생각해서 큰길을 건너지 않는 곳을 선호해서 단지 안에 초등학교를 품고 있으면 제일 좋습니다. 아파트 정문에는 중학교, 후문에는 초등학교와 사립유치원, 바로 길 건너에는 고등학교를 품은 아파트를 봤는데 아이가 있는 집들은 신축보다도 선호도가 좋았습니다.

학교 다음으로 대표적인 학원가가 있는 곳의 집값이 높습니다. 대표적인 학원가는 서울의 대치동, 목동, 중계동이 있고 경기도에는 분당, 평촌 학원가가 있습니다. 대전과 울산도 유명합니다. 유명 학원가가 있는 곳의 아파트는 수요가 꾸준히 있어 하락기에도 집값의 영향이 없고 꾸준한 상승을 합니다.

○ 여섯째, 살기 좋은지 확인

학령기 자녀가 없는 사람들은 교통 다음으로 편의시설을 생각합니다. 공연장, 백화점, 영화관, 신도시 항아리 상권 등 집 앞에 편리함을 즐길 수 있는 곳이 있으면 만족도가 높고 '슬세권(슬리퍼 신고 다닐 수 있는 지역)'이라는 말이 나올 정도로 선호합니다. 특히 노년층은 지방에서도 올라와 진료받고 가는 대학병원이 집 근처에 있으면 편리하고 든든합니다. 그리고 최근 들어 조망권(뷰)도 중요해졌는데, 한강이나 대형공원은 보이지 않더라도 작은 공원과 천만 있어도 좋아합니다. 집 근처에서 아이들과 뛰어놀 수 있고 휴식과 운동을 즐길 수 있으며 가까운 곳에서 연주회나 수준 높은 공연을 볼 수 있다는 자체만으로도 충분한 매력이 있습니다.

예전에는 한강이 보이면 오히려 좋아하지 않았다고 합니다. 2016년 완공된 아리팍으로 잘 알려진 아크로리버파크만 해도 큰 평수의 동이 뒤

쪽에 배정되어 있었으나 지금은 한강을 조망할 수 있는 동과 그렇지 않은 동은 가격도 꽤 차이가 납니다. 용산 신축 아파트를 봐도 뒷동은 용산공원 조망이 가능하고 앞쪽은 한강 조망이 가능한데 한강 쪽은 다른 고층 아파트들이 들어서면 가릴 수 있다 해서 용산공원 조망 동이 더 비싼 가격에 거래되기도 합니다.

○ 일곱째, 내가 관심 있는 아파트 살펴보기

큰 틀에서 살펴봤으면 이제는 내가 관심 있는 물건에 집중해서 봅니다. 물론 내가 좋으면 남도 좋아할 가능성이 크겠지만 내가 투자할 물건을 찾는 것이라면 객관적으로 봐야 하고 최대한 내 감정과 취향은 배제하고 살펴봐야 합니다.

아파트 단지를 걸어보며 동 간 간격이 넓은지 앞 동하고 사생활침해 문제는 없는지, 햇볕은 잘 들어오는지, 편의시설은 어느 동하고 가까운지 편의시설을 잘 갖춰 있는지 확인해봅니다. 단지 내 아이들이 많은지 노인들이 많은지, 주차장이 여유로운지 살펴봅니다. 요즘 새로 짓는 아파트는 뛰어난 커뮤니티 시설을 만들어 다른 단지와 차별성을 둡니다.

얼마 전까지만 해도 단지 내 수영장 정도만 있어도 고급 아파트 이미지가 있었는데 요즘은 조식 서비스는 기본이고 도서관, 영화관, 골프 연습장 등 경쟁이라도 하듯 편의시설을 넣고 있고, 이런 커뮤니티의 영향으로 어느 아파트 산다는 것이 자부심이 되어 아파트 가격에도 많은 영향을 미칩니다.

## ○ 여덟째, 주변에 대규모 입주 단지가 있는지 확인합니다

주변에 대규모 입주 단지가 있으면 전세 맞추기 힘들어 투자금이 많이 들 수 있으므로 대규모 입주 단지가 있으면 입주 시기를 피해서 투자를 해야 합니다. 서울 수도권보다도 지방 소도시일수록 입주 물량의 영향이 커서 지방 투자 시에는 물량은 반드시 체크해야 합니다. 입주 물량을 확인할 때는 '부동산 지인' 사이트를 보면 보기 쉽게 되어 있어 편리합니다.

## ○ 아홉째, 아파트 내부를 확인합니다

내부 확인 시에는 제일 중요한 누수 여부를 꼼꼼하게 확인해야 합니다. 창틀 밖을 확인할 수 없지만 거실 쪽 베란다 안쪽과 주방, 안방 베란다 우수관 주위에 물샌 자국은 없는지, 다용도실에 곰팡이 자국은 없는지 살펴봅니다. 화장실과 싱크대 수리 여부를 확인하고 보일러를 살펴보고 연식을 가늠해보고 언제 바꿨는지 물어봅니다. 벽지, 마루 조망을 살펴보고 특히 동향집은 낮에도 어두워 조명을 켜고 지내야 하므로 집 보러 갈 때 밤에 가지 말고 반드시 낮에 가야 합니다. 문제점을 발견하면 소장님께 얘기해서 가격 협상할 때 조율을 할 수 있습니다.

## ○ 열째, 실거주와 투자자의 비율

부동산 소장님들께 대략 아파트 단지 실거주자와 투자자 비율을 확인합니다. 아파트값은 투자 수요가 있어야 가격이 오릅니다. 투자 수요가 없으면 신축 대단지 아닌 이상 크게 오르지 않고 실수요자로는 한계가 있어 인구가 적은 지방일수록 투자자의 비율은 중요합니다.

조사한 내용과 실제 임장한 내용이 맞는지 확인하고, 네이버 매물과 부동산에 있는 매물이 일치하는지, 더 싼 급매물이 있는지, 실제 전세물건을 확인하고 얼마나 빨리 뺄 수 있는지, 평소 임대수요는 어떤지, 주변 유해시설이 물건에 어느 정도 영향을 미치는지 확인합니다. 경기도 지역의 신도시 임장을 갔을 때 아파트 거실과 작은 방에서 공동묘지 조망이 있어 너무 놀랐는데 중개사님은 아무렇지 않다는 듯 여기 사람들은 신경을 안 쓴다고 했던 적이 있습니다. 과연 신경을 안 쓸까 싶었는데 손품만으로는 공동묘지 뷰까지 확인할 수 없으므로 임장의 중요성을 느꼈습니다.

마지막으로 지역주민들이 선호하는 대장 아파트를 가보고 투자자가 좋아하는 가성비 좋은 단지도 확인하고 비교해봅니다.


## 중개사 사무실 방문 실전

### ○ 중개소 방문의 목적은 분명하다

중개소를 방문하는 이유는 물건에 관한 정보를 얻는 것도 있지만 그 지역의 흐름과 호재가 어떤 영향을 미치고 있고, 어느 단계까지 와 있는지 확인하고 그 동네를 가장 잘 알고 있는 중개사님의 생각을 들을 수 있습니다.


사전조사와 지역분석, 물건을 둘러보기까지는 어찌 해보겠는데 중개사무소에 들어가 중개사님들과 이야기를 하며 내가 필요한 정보를 얻는다는 것은 생각보다 쉬운 일은 아닙니다. 내가 알고 싶은 것을 얻으려 거짓말을 해야 하나? 아니면 솔직하게 내가 사고 싶은 물건이 있는데 공부할 겸 알아보러 왔다고 해야 할까? 괜히 사지도 않을 건데 거짓말하는 것 같기도 하고 내가 초보인 거 알고 문전박대하면 창피해서 어쩌나 하는 걱정만 하다 문 앞에서 서성이다 결국 못 들어가고 돌아왔다는 분들도 있습니다.

중개사님들은 사람 상대를 많이 해서 들어오는 모습만 봐도 사러 왔는지 공부하러 온 사람인지 안다고 합니다. 공부하러 왔다고 하면 얼굴색이 변하며 바쁘니 다른 부동산 가라고 하는 중개사님도 계시고, 오히려 더 자세하게 설명해주시는 중개사님도 계십니다. 좋지 않은 소리를 들으면 주눅 들지 말고 당당하게 나와 옆에 있는 다른 부동산을 가면 됩니다.

인천 임장을 처음 갔을 때 부평역 부근의 중개소를 갔는데 그야말로 문전박대를 당했던 적이 있었습니다. 내가 지금은 못 사더라도 나중에 살지 다른 사람을 소개해 줄지는 모르는 일인데 좀 더 잘해주면 안 될까 하는 생각도 들었습니다. 문전박대를 당하면 오기가 생겨 더 빠른 시간에 부동산에 가는 게 자연스러워질 수 있도록 공부를 하게 됩니다. 나도 모르는 순간 자신감이 생기고 내가 말을 잘한다고 느껴질 때가 빨리 옵니다.

중개소 방문이 어렵다면 다른 지역 임장을 가기 전에 내가 사는 집 근처 부동산을 먼저 가보면 도움이 됩니다. 내가 사는 곳은 내가 이미 잘 알고 있고 장단점도 중개사님보다 내가 더 잘 알고 있으므로 중개사님과 대화하기가 수월합니다. 내가 전세를 살고 있으면 평수를 넓혀 갈 곳을 찾는 입장으로 질문을 할 수도 있고, 자가이면 매도하고 싶다며 이야기를 이끌어 나갈 수도 있습니다. 따로 원고를 써놓지 않고 자연스럽게 연습을 할 수 있습니다. 집 근처 중개소 몇 곳만 가보면 다른 지역 중개소 방문도 어렵지 않습니다. 제가 처음 시작할 때 저희 아파트 단지 앞 부동산을 들렸는데 딱 봐도 초보티가 나는 저에게 중개사님께서 공부하고 싶

옆집보다 잘 사는 부동산 투자비밀

으면 운동화 신고 어느 지역을 가보라고 말씀해주셨습니다.

그때는 그게 무슨 말인지 잘 몰랐는데 지나고 보니 중개사님은 중개업도 하시지만 투자자였습니다. 제가 안쓰러웠는지 그 당시 오르기 시작하는 곳을 알려주셨는데 초보였던 제가 받아들이기는 한계가 있어 잘 몰랐습니다. 그렇지만 지금은 중개사님하고 돈독한 관계가 되어서 지나다가도 들러 수다 떨고 제가 임장 다녀온 얘기며 공부한 내용을 들려 드리고 이사준비를 하고 있기에 매도에 관한 이야기도 하며 전속중개까지 맡겼습니다. 이렇게 좋은 중개사님들도 많이 계시니 문전박대를 당해도 당당하게 다음 부동산을 갈 수 있는 용기만 있으면 좋겠습니다.

○ 중개사님을 만나는 것도 전략이 필요하다

부동산 투자에서 중개사님의 역할은 중요합니다. 좋은 투자처를 찾아도 더 좋은 조건과 값싼 물건을 찾아줄 사람은 중개사님이고 때로는 없던 물건도 만들어 주는 역할을 해줍니다. 임장을 다녀와 내가 매수해야겠다는 마음이 생겼으면 그 단지에서 방문한 여러 부동산 중에서 내가 가장 마음에 들었던 중개사님께 연락을 드립니다. 연락하고 다시 찾아가 내가 찾는 조건과 가격을 자세히 설명합니다. 자주 찾아가 친분을 쌓고 마음을 나누면 중개사님도 내가 싸고 좋은 물건 찾는 걸 너무나 잘 알고 있으므로 좋은 물건을 찾아줄 확률이 높습니다. 중개사님과 평소에도 자주 연락하고 친해지면 살 때만 부동산을 이용하는 것이 아니라 제일 중요한 팔 때 신경을 많이 써주십니다. 지방에 있는 아파트라면 임대 놓거나 매도할 때도 매번 내려가지 않아도 처리할 수 있게 도와줍니다.

중개소에서 급매를 추천받았을 때는 물건을 보여줘도 바로 계약하지 말고 한 번 더 체크해봅니다. 내가 생각하는 급매와 중개사님이 생각하는 급매는 다를 수 있기 때문입니다. 정말 좋은 물건이 내 차례까지 왔을까? 하는 생각도 해봐야 합니다. 일반적인 물건을 급매라고 주는 건지, 수수료를 생각해서 급매라고 하는지 따져봐야 합니다.

중개소 방문에 조금씩 자신감이 생기고 경험이 쌓이면 초보 때와는 다르게 나는 투자자이기 때문에 여러 곳을 다녀 좋은 정보가 많고 중개사님께서 나한테 도움을 받을 수 있다는 뜻을 넌지시 비춰봅니다. 관심을 표현하는 중개사님도 계시고 그렇지 않은 분도 계시지만 관심을 표현하는 분 하고만 좋은 관계를 맺어도 충분합니다. 좋은 관계란 필요할 때만 연락하지 말고 소소하게 명절, 생일 선물도 챙기고 그 지역을 들릴 때 찾아뵙고 인사하는 방법도 있습니다.

## ○ 구역 내 가장 오래된 분을 만나자

얼마 전 문래동 임장을 갔다 100세를 바라보는 중개사님을 만났습니다. 3년 전 들렸던 적이 있었고 다시 간 부동산인데 그때 브리핑받을 때 70대 중반 정도 되시는 줄 알았는데 이번에 중개사님이 계시지 않아 기다리면서 게시한 등록증을 봤더니 번호를 가리지 않아 나이를 알게 됐는데 너무 놀라 실제 나이가 맞냐고 여쭤봤습니다. 중개사님 말씀하시길 그 나이도 호적이 잘못돼서 줄어든 거라며 정말 낼모레 100세였습니다.

그 연세에도 발음이 정확하시고 셈도 밝으시고 서류도 잘 쓰십니다. 그리고 제일 중요한 어디에서도 들을 수 없는 중개사님 젊은 시절부터 문래동 변천사 이야기를 해주시고 매물로 나온 물건의 사정 이야기도 가감 없이 해주십니다. 그리고 당신이 가지고 계신 물건과 비교해도 손색없다며 비교하는 방법도 알려주시고 사연이 있는 물건인지 아닌지 왜 싸게 나왔는지 자세하게 설명해주셔서 많은 도움을 받았습니다.

중개사님뿐만 아니라 동네 카페, 식당, 슈퍼마켓 사장님들과도 동네에 관해 이야기를 나눠 보면 중개소에서 알지 못하는 또 다른 좋은 정보들을 알 기회가 생깁니다.

그 지역에서 오랜 시간 장사를 하신 분들이 동네를 가장 잘 아는 사람이 아닐까 생각해봅니다.

# 7-부록

## 연령에 따라 가치가 달라진다

모두가 선호하는 아파트는 신축 아파트입니다. 요즘 신축 아파트는 다양한 커뮤니티와 멋진 부대시설로 눈길을 끌고 위치와 브랜드 이름에 따라 입주자들의 자부심이 되기도 합니다. 신축의 효과로 가격도 비싸고 오르는 폭도 큽니다. 그러다 연식이 지나면서 오르는 폭은 떨어지다 재건축 연한이 가까워지면 다시 역전이 됩니다. 재건축 허용 연한은 재건축을 언제 추진할 수 있는지 알려줍니다.

2014년에 기존에 40년이던 재건축 허용 연한이 30년으로 당겨졌습니다. 30년으로 당겨졌다고 해서 곧바로 재건축을 추진해서 새 아파트가 되는 것은 아니지만 일단 연한이 임박하거나 지난 아파트는 장기적으로 재건축을 추진할 것이라는 기대감으로 사람들이 매입합니다. 새 아파트가 완공되어야 가격이 오르는 게 아니고 각 진행 단계를 거칠 때마다 시세가 올라 수익을 볼 수 있습니다. 이럴 경우는 입지, 대지지분, 사업성을 따져봐야 합니다.

연식이 오래된 아파트는 언젠가는 재건축이 될 것이고 신축이 되면 가격이 많이 오를 것이라는 기대감으로 현재 가격에 미래가치가 반영되어 있어 가격이 비싼 반면 연식이 오래되다 보니 살기는 불편해서 전세가가 낮아 투자금이 많이 들어갑니다. 재건축 투자는 단기적으로 하는 투자는 아닙니다. 시간이 지나야 값이 올라가고 중간중간 변수가 많이 생기기 때문에 입지가 좋은 재건축 단지를 선택해야 시간이 흘러 시세차익이라는 좋은 결과를 얻을 수 있습니다.

## 결국 땅값이 기본

부동산 투자란 미래가치 대비 저평가된 부동산을 선점하여 앞으로 발생할 수익을 기대하는 것입니다. 부동산의 가치를 얘기할 때 현재의 시장가치와 미래의 투자가치로 나누어 설명할 수 있는데, 그 가치에 영향을 주는 요인이 워낙 많고 그 영향의 정도도 복잡한 과정을 갖고 있기 때문에 특별히 설득력 있는 가치 예측 모델이 없습니다.

게다가 해당 부동산의 내재가치 외에 추가로 버블(거품)이 생성되는 상황에서는 더욱 현실과 다른 가격이 형성될 수 있습니다. 그래서 그 가격이 빠지는 방식도 예측하기 어려운 방향과 정도로 다르기 때문에 쉽게 표현하기가 어렵습니다. 다만, 단기적인 가격 변화가 아닌 장기적인 시간 기준으로는 내재가치에 수렴해가는 방식으로 진행될 겁니다.

기본적으로 아파트의 가치를 평가하는 데 있어서 해당 물건이 있는 입지적 요인과 개별 물건의 특성으로 구분할 수 있습니다.

| 입지 요인 | 개별 요인 |
|:---:|:---:|
| 교통 여건 | 브랜드 |
| 단지 규모 | 층수, 동 위치, 방향 |
| 학군 | 평형 크기 |
| 생활 인프라 | 내부 구조 |
| 주변 여건 | 층간 소음, 하자 처리 |

　그런데 이런 입지 요인이나 개별 요인을 가치 평가하여 금전으로 표시하는 것은 불가능에 가깝습니다. 기본적으로 개별 물건 자체는 건물값과 대지값으로 구분할 수 있습니다. 그런데 건물값이란 시간이 가면 감가상각하여 줄어들기 마련입니다. 그래서 보통 단독주택의 경우 30여 년이 지나면 건물값은 제로에 가까워지게 되어 토지가격으로만 감정평가를 하게 됩니다. 그럼에도 부동산 가격이 상승하는 이유는 토짓값의 상승이 건물값이 감가상각되는 것보다 훨씬 크기 때문입니다.

　그래서 입지 요인이 같다면 대지지분이 큰 것을 매수하는 것이 좋습니다. 이외에도 용적률, 건폐율 등도 비교하여 재건축 시 사업성 측면에서 유리한지 여부를 따져 봐야 합니다.

## 공동주택의 대지지분

    아파트의 가치를 평가할 때 빼놓을 수 없는 것이 바로 대지지분입니다. 아파트의 경우에는 해당 단지의 전체 대지 면적에서 일정 부분에 대한 사용권(대지권)을 갖고 있으면 해당 아파트를 매매할 경우에는 이 대지권도 건물과 함께 거래하게 됩니다. 같은 아파트 단지에서도 평형에 따라 대지지분이 달라집니다. 이때 다른 평형과의 대지지분을 형평성 있게 비교하기 위해서 대지지분율을 기준으로 비교합니다.

대지지분율 = 대지지분 ÷ 전유면적 × 100

    이때 아파트에서의 전유면적이라는 것은 소유자의 개인적인 공간(거실 주방 큰방 화장실 등)의 면적을 말합니다.

    대지지분율이 클수록 미래가치가 크다고 할 수 있습니다. 대지지분율이 높으면 건물 층수가 낮고 동간 간격이 넓다는 것을 뜻하므로 생활 쾌적성이 높아집니다. 또한 건물 재건축을 할 때 조합원에게 돌아가는 혜택이 크게 되어 조합원 분담금이 줄어드는 효과를 얻게 됩니다.

# 8

# 남보다 싸게 사는
# 프로 기술

리치원 : "민정 씨!! 오늘 첫 경매입찰 날이죠? 법원 가는 중이세요?"

이민정 : "네~ 이런 날이 올 줄이야. 다 리치원님 덕분이에요."

리치원 : "아니에요. 민정 씨가 열심히 한 결과죠. 혹시 오늘 입찰 떨어져도 너무 실망하지 마세요. 또 기회가 있을 거예요."

이민정 : "네. 감사해요~."

리치원 : "민정 씨. 너무 잘하고 있어요. 응원할게요!"


민정 씨는 부동산, 경매 관련 책을 읽고 강의도 들었습니다. 부동산 모임에 가입하고 팀원들과 함께 여러 차례 임장도 다녔습니다. 마침 적당한 물건을 찾아 해당 지역 시세도 직접 알아보며 발품을 팔았습니다. 오늘은 민정 씨의 첫 경매 입찰 날입니다.


저 멀리 법원이 보입니다. 떨리지만 힘차게 발걸음을 옮깁니다.

# 경매

## ▎ 싸게 사는 또 다른 방법

부동산을 싸게 사는 것은 중요합니다. 특히나 실거주가 아닌 투자자로서 접근한다면 '부동산을 얼마나 싸게 살 수 있느냐'가 투자자로서의 능력을 가늠합니다. 물론 해당 물건의 내재가치 대비 싸게 사는 것을 말합니다. 그래서 사면서 이익이 나는 구조를 만들어야 합니다.

이렇게 부동산을 싸게 사는 방법에는 급매와 경매가 있습니다. 보통 시세대비 5% 이상 싼 물건을 급매라고 하는데 투자자 입장에서는 그것보다 싸게 구입해서 이익을 남겨야 합니다. 즉 경매로 부동산을 싸게 구매하여 급매로 내놔서 수익을 남길 수 있는 구조를 만드는 것입니다. 때문에 경매를 통해 부동산을 살 때는 시세보다 싸게 낙찰받아야 합니다.

물론 쉬운 일은 아니지만 불가능한 일도 아닙니다. 경매로 어떻게 수익을 낼 수 있는지 설명하기에 앞서 경매의 기본적인 구조에 대해 알아보겠습니다. 다음 그림은 경매 전체의 과정을 나타낸 것입니다.

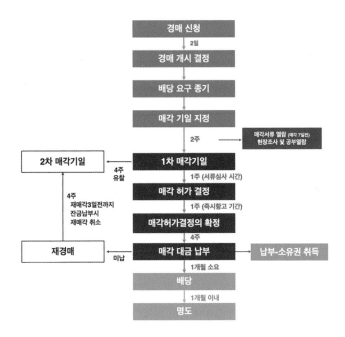

경매 신청

↓ 2일

경매 개시 결정

↓

배당 요구 종기

↓

매각 기일 지정

↓ 2주 → 매각서류 열람 (매각 7일전) / 현장조사 및 공부열람

1차 매각기일 → 2차 매각기일 (4주 유찰)

↓ 1주 (서류심사 시간)

매각 허가 결정

↓ 1주 (즉시항고 기간)

매각허가결정의 확정

↓ 4주

매각 대금 납부 → 납부-소유권 취득

재경매 ← 미납 (4주 재매각3일전까지 잔금납부시 재매각 취소)

↓ 1개월 소요

배당

↓ 1개월 이내

명도

경매의 핵심은 권리분석과 가치 평가라 할 수 있습니다. 경매로 나온 부동산 물건은 대부분이 근저당권이나 압류 등과 같은 다양한 권리관계가 복잡하게 얽혀 있습니다. 따라서 아무리 싼 값에 낙찰받는다 하더라도 낙찰자의 입장에서 하자가 있는 물건은 조심해서 권리관계를 따져봐야 합니다. 또한 이익을 남기는 낙찰이 되기 위해 해당 물건의 가치를 적절히 측정할 수 있어야 합니다.

또한 낙찰 후 명도 과정, 관리비 정산, 인테리어 등을 통해 해당 물건이 수익이 나는 물건으로 만드는 일련의 작업과정이 필요하게 됩니다. 따라서 경매 자체는 부동산을 싸게 살 수 있는 방법이기도 하지만 부동산 거래의 전반적인 과정을 이해하는 좋은 기회가 되기도 합니다.

설령 현재 본인이 전·월세로 살고 있어 경매는 나와 무관하다고 생각하시는 분도 있을 수 있는데요. 경매를 배우면 자신의 보증금을 지키는 방법에 대해서도 자연스레 알 수 있습니다.

○ 권리분석

권리분석은 해당 부동산의 법률적 하자가 있는지 살펴보는 작업입니다. 만약 내가 어떤 집을 낙찰받으려고 하는데 그 집에 집주인이 아닌 임차인이 있다면 어떻게 해야 할까요? 임차인의 보증금은 누가 돌려줘야 하는 걸까요?

> **임차인의 대항력**
>
> 전세 보증금이나 임차거주 기간을 안전하게 지키기 위해 갖추어야 할 대항요건을 갖추면 집이 경매로 매각되더라고 임차인의 권리를 지킬 수 있는 권리를 말합니다.
>
> 즉, '점유'–'전입신고'–'확정일자'의 세 가지 요건을 근저당권과 같은 다른 권리보다 먼저 갖추고 있으면 해당 물건이 경매로 처분되더라고 임차인으로의 권리를 지킬 수 있습니다.

예를 들어 근저당설정일보다 임차인의 대항력이 늦게 갖춰진다면 경매로 매각된 후에 임차인은 전세 보증금 등을 받을 수 없게 되어 경매 낙찰자는 임차인의 보증금에 대한 부담을 가질 필요가 없습니다. 그러나 임차인이 대항력을 갖춘 후에 있는 근저당설정은 낙찰자가 임차인의 전세 보증금을 물어줘야 할 수도 있습니다. 이 경우에는 임차인의 보증금 액수를 감안하여 입찰가를 산정해야 합니다.

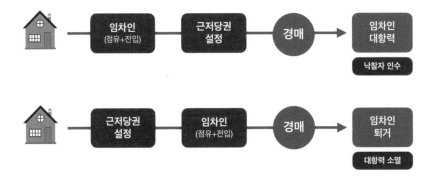

이처럼 사건마다 다양한 경우가 있기 때문에 입찰 전에 이런 임차인 대항력 등 부동산 관련 권리문제를 살펴보아야 합니다. 하지만 너무 어렵게 생각할 필요는 없습니다. 경매는 말 그대로 오픈북(Open book)게임 이지 달달 많이 외우는 사람이 1등을 하는 시험이 아니니까요. 충분히 준비하면 생각보다 복잡하지 않은 게 권리분석입니다. 또 어려운 물건은 피하고 하기 쉬운 물건을 골라서 할 수 있기 때문에 자신의 실력에 맞는 물건에 접근하면 됩니다.

○ 가치분석

경매에서 많은 분들이 부담스러워 하는 부분이 '명도'와 관련된 부분일 것입니다. 명도는 말 그대로 낙찰받은 집에 살고 있는 사람을 내보내는 작업입니다. 임차인(또는 기존 소유자)과 원만히 합의되면 다행이지만, 만약 원만하게 합의되지 않는다면 '강제집행' 절차를 밟을 수 있습니다. 강제집행 절차는 통상 2-3개월 소요됩니다.

강제집행은 실제 강제집행을 진행하기 위해 신청하기도 하지만 점유자(임차인 또는 기존 소유자)에게 심적 부담을 주기 위해 신청하기도 합니다. 강제집행을 진행하는 과정에 부동산 인도 강제집행 계고장을 부착하게 되는데 이때 금액이 더 들더라도 열쇠기술자와 동행하여 개문 후 실내 부착을 하면(집행관에게 요청) 심리적으로 더욱 압박을 줄 수 있다면 명도도 조금 수월해집니다.

이외에도 해당 집에 관리비가 얼마나 밀려 있고 낙찰자가 내야 하는 비용은 얼마인가 등을 계산하며 해당 부동산의 가치에 대해 분석하는 능력을 기를 수 있습니다.


## │ 경매용 임장 노하우와 입찰가 산정

### ○ 경매임장의 특성

경매임장을 가는 이유는 입찰할 물건의 입찰가를 정하기 위해서입니다. 그래서 먼저 결정할 것이 실거주 하려고 입찰에 참여하는지 또는 투자용인지 확실한 목적을 가져야 합니다.

또한 경매임장에서는 물건 상태를 파악하는 것이 가장 중요합니다. 일반적인 정상거래에서는 내부 상태를 파악하고 거래를 하겠지만 경매물건의 경우 점유자의 성향에 따라 내부 상태를 파악하는 것이 불가능할 수도 있기 때문입니다.

경매정보지에 자세하게 나와 있지만 내가 직접 확인하고 판단해야 합니다. 물건 상태는 입찰가 산정에 큰 영향을 미칩니다. 상태가 좋지 않으면 수리비가 많이 들고 누수가 있으면 입찰을 포기하고 급매를 사는 편이 훨씬 낫습니다.

### ○ 첫째, 일찍 일어난 새가 벌레를 많이 잡는다

먼저 경매임장은 일찍 가보시는 것이 좋습니다. 경매가 여러 번 유찰

돼 가격이 낮아진 경우라면, 경매 개시일자가 가까워질수록 많은 사람들이 해당 물건을 찾아옵니다. 이렇게 많은 사람들이 관심을 갖고 물어보게 되면 중개사 사무실에서 불친절한 것은 둘째 치고 가격에 왜곡이 생기기 쉽습니다. 때문에 관심 있는 물건이라면 유찰되기 이전, 즉 신건부터 관심을 갖고 미리 찾아가서 가격 조사를 하는 것이 좋습니다.

이때 가격 조사는 매수인과 매도인의 두 가지 입장에서 해야 합니다. 양측의 입장에서 조사를 해야 정확한 가격을 산정하는 데 도움이 됩니다.

○ 둘째, 낙찰 후를 짐작해야 입찰에 확신이 선다

입찰할 물건에 대한 임장의 목적은 현 점유자의 상태와 실내 상태를 파악하는 것이 수익률을 좌우합니다. 벨을 눌러 점유자와 대면해봅니다. 점유자가 소유자일 경우는 경매 취하계획이 있는지 감정평가 금액보다 적은 금액을 갚지 못해 경매가 개시된 경우는 일반 매매를 해서 한 푼이라도 건지려고 경매를 취하시키기도 합니다. 이사계획을 확인하면 명도의 난이도를 짐작할 수 있습니다. 점유자가 임차인일 경우에 집 상태가 좋으면 낙찰받아 임대 놓으려는데 보여줄 수 있냐 물어보고 이사할지 계속 살고 싶은 마음이 있는지 확인합니다.

또한 실내를 잠깐이라도 확인하여 인테리어비가 얼마나 나올지를 가늠하는 것이 중요합니다. 낙찰을 받았어도 물건이 제때 팔리지 않아 내 돈이 묶이는 불상사가 일어날 수도 있습니다. 경우에 따라서는 인테리어를 해서 물건을 내놓는 것이 유리할 수도 있는데 인테리어비용 산정을 위해서는 외부 섀시 상태는 물론이고 내부 상태[114]도 확인해보는 것이 중요합니다.

[114] 인테리어 상태 도배, 장판, 싱크대, 화장실 수리 여부, 베란다에 곰팡이가 있는지 햇볕은 잘 들어오는지 보고 방 구조와 크기도 확인합니다. 또한 층간소음과 누수가 있는지도 확인합니다.

이외 관리비가 얼마나 미납되어 있는지 확인하는 것이 중요합니다. 특히 현 거주자가 관리비를 내지 않았다면 관리비 중 공용관리비는 낙찰자가 대신 내야 하기 때문에 관리사무소에 들러 관리비가 언제부터 얼마가 미납되어 있는지 확인하여야 합니다. 아파트의 경우에는 관리사무실에 확인할 수도 있는데, 간혹 상가의 경우에는 미납관리비가 상당히 큰 액수인 경우도 있으므로 상가 입찰시 특히 유의해야 합니다.

경매가 진행되는 집의 경우 근처 부동산에서도 이를 알고 있을 수도 있습니다. 근방 공인중개소에서 해당 부동산을 문의해보시고 이외 단지가 아닌 인근 부동산에도 가보시길 추천드립니다. 그래서 해당 단지와 다른 단지의 장단점을 파악하는 것도 중요합니다. 물론 이때 주변 단지의 급매도 조사하여야 합니다. 내가 낙찰을 받게 되면 얼마 정도에 내놓아야 바로 팔릴 수 있는지를 아는 것이 매우 중요합니다. 현재 나온 급매 가격과 상태는 어떠한지(인테리어), 층이나 향은 내가 낙찰받으려는 것보다 선호하는 상황인지를 알고 있어야 합니다.

○ 셋째, 타이밍이 중요하다

감정평가는 경매 일정에 따라 경매에 나오기 2-6달 전에 이루어집니다. 따라서 감정평가가 이루어진 시점이 부동산이 활성화되어 있는 시기였는지 아니었는지를 알고 현재 분위기가 어떻게 바뀌었는지 체크해야 합니다. 또한 경매의 목적이 실거주가 아니라 투자라면 더더욱 파는 타이밍도 중요합니다. 내가 낙찰받는 시기 역시 잘 생각하여 얼마에 내놓을 수 있을지를 미리 계산하고 작업을 진행한다면 시행착오를 줄이는 투자가 될 수 있을 것입니다. 물건을 내놓는 시기가 부동산이 활성화되는 시기와 맞아떨어진다면 조금 더 쉽게 매도할 수 있습니다.

경매는 어디까지나 '싸게 사는 방법' 중 하나입니다. 때문에 금액산정이 매우 중요합니다. 내가 얼마에 팔 수 있는지 파악하는 것이 중요합니다.

이때 해당 단지뿐만 아니라 동네를 기준으로 비슷한 조건의 매물 가격대를 살펴봐야 합니다. 같은 단지라 하더라도 층, 평수에 따라 가격 차이가 있습니다. 이때 좋은 방법은 '국토부실거래가 공개시스템'에 들어가서 '(구)실거래가 공개시스템'에서 해당 동을 기준으로 검색해보는 방법입니다. 분기별로 해당 동네의 실거래가 가격을 볼 수 있습니다. 이 중 내가 낙찰받으려는 부동산과 비슷한 부동산을 찾아 1년간 거래 내역을 보면 내가 낙찰을 받고 얼마에 팔 수 있을지 감을 잡을 수 있습니다. 이때 비슷한 평형, 연식, 층을 보고 이 동네에 내가 낙찰받으려는 물건이 자주 거래가 되는지도 가늠해볼 수 있습니다.

경매를 할 때 유의해야 할 점은 절대 감정가가 기준이 아니라는 것입니다. 감정평가는 해당 부동산을 경매에 넘겨 낙찰자에게 받은 돈으로

경매에 들어간 비용도 대야하고 채무자 빚도 처리해야 합니다. 쉽게 말해 빚잔치를 해야 하는 상황입니다. 때문에 상대적으로 감정평가 금액이 높아야 이를 모두 해결할 수 있습니다. 이런 상황을 염두에 두고 입찰을 할 때는 감정가가 아닌 실제 거래할 수 있는 시세 대비 얼마나 싸게 살 수 있는지를 알아야 합니다.

## ▎입찰전략

### ○ 무조건 낙찰받는 B급 전략

사실 경매에서 낙찰을 받는 방법은 아주 간단합니다. 바로 낙찰가를 높게 쓰는 것이지요. 그러나 앞서 이야기했든 투자자로서 경매를 하고자 함은 '낙찰' 자체가 목적이 아니라, '돈을 버는 것'이 목적입니다.

그렇다면 꼭 A급 물건에만 도전할 필요는 없습니다. 애초에 좋은 물건을 낙찰받는 것이 목표가 아니라 돈을 남기는 것이 목표이기 때문이지요. 내가 봤을 때 좋은 물건은 남들이 봤을 때도 좋기 마련이고 이런 물건은 그만큼 경쟁률도 높을 확률이 큽니다. 이렇게 경쟁률이 높은 상태에서는 낙찰된다 하더라도 차익이 적을 수밖에 없습니다. 차라리 남들이 덜 관심을 가지는 물건을 입찰하는 것도 하나의 방법이라 할 수 있습니다.

### ○ 다다익선 전략

낮은 가격 입찰 기조를 유지하며 말 그대로 많이 도전하는 것입니다. 하루에도 경매가 수십 군데서 열립니다. 물건 한 건 한 건 다가가기보다 지역별로 날짜별로 분류하여 한 번에 임장을 하고 입찰을 하는 방법입니다.

옆집보다 잘 사는 부동산 투자비밀

'대한민국 법원 경매정보사이트-경매물건-기일별검색'으로 들어가서 지역별 법원을 선택합니다. 저는 부천지원을 선택해보았습니다. 그러면 매각기일 목록이 나오고 입찰하고자 하는 날짜를 선택하면 아래 그림과 같이 어떤 물건이 해당 날짜에 나오는지를 확인해볼 수 있습니다. 매일 매일 법원에 가서 입찰하기가 어렵다면 이렇게 매각 날짜에 맞추어 여러 가지 부동산을 찾아보고 여러 개를 입찰해보는 것도 하나의 방법입니다.

| | | | | | | |
|---|---|---|---|---|---|---|
| ☐ | 부천지원 2021타경40117 | 1 다세대 | 경기도 부천시 소사로148번길 75-21, 3층 301호 (소사본동,아람빌) 🐾 [집합건물 철근콘크리트구조 45.025㎡] | 재매각,특별매각조건 매수보증금 20% | 260,000,000 7,344,000 (2%) | 경매4계 🔵 2023.10.12 유찰 10회 |
| ☐ | 부천지원 2022타경5081 | 1 다세대 | 경기도 부천시 부광로 40, 6층603호 (괴안동,노블하우스) 🐾 [집합건물 철근콘크리트구조 35.91㎡] | 집합건축물대장상 위반 건축물임 | 224,000,000 224,000,000 (100%) | 경매4계 🔵 2023.10.12 신건 |
| ☐ | 부천지원 2022타경30292 | 1 다세대 | 경기도 부천시 성무로39번길 15, 에이동 4층401호 (심곡본동,해당캐슬) 🐾 [집합건물 철근콘크리트구조 47.69㎡] | | 230,000,000 230,000,000 (100%) | 경매4계 🔵 2023.10.12 유찰 5회 |
| ☐ | 부천지원 2022타경30674 | 1 빌라 | 경기도 부천시 약대로 40, 4층403호 (약대동,늘푸른빌) 🐾 [집합건물 철근콘크리트구조 29.75㎡] | | 210,000,000 5,933,000 (2%) | 경매4계 🔵 2023.10.12 유찰 10회 |
| ☐ | 부천지원 2022타경30919 | 1 다세대 | 경기도 부천시 심중로35번길 61, 2층203호 (중동,드림채) 🐾 [집합건물 철근콘크리트구조 49.17㎡] | | 328,000,000 9,265,000 (2%) | 경매4계 🔵 2023.10.12 유찰 10회 |
| ☐ | 부천지원 2022타경32168 | 1 다세대 | 경기도 부천시 원종로85번길 82, 5층502호 (원종동,유성스카이빌) 🐾 [집합건물 철근콘크리트구조 48.09㎡] | 본건 구분건물은 집합건축물대장상 환경건축과-4523(2021.10.16.)호 시정명령에 따른 위반건축물 등재(무단증축/벽산,철재/비가리/5㎡) | 261,000,000 43,866,000 (16%) | 경매4계 🔵 2023.10.12 유찰 5회 |
| ☐ | 부천지원 2022타경33574 | 1 다세대 | 경기도 부천시 수도로206번길 28-26, 비동 5층502호 (도당동,훼미리타운) 🐾 [집합건물 철근콘크리트구조 62.36㎡] | | 324,000,000 324,000,000 (100%) | 경매4계 🔵 2023.10.12 유찰 6회 |
| ☐ | 부천지원 2022타경33758 | 1 다세대 | 경기도 부천시 고강로154번길 67-11, 3층 303호 (고강동,태산아트빌) 🐾 [집합건물 철근콘크리트구조 40.38㎡] | | 228,000,000 228,000,000 (100%) | 경매4계 🔵 2023.10.12 유찰 6회 |
| ☐ | 부천지원 2022타경34157 | 1 다세대 | 경기도 부천시 삼작로280번길 9-6, 2동 5층502호 (도당동,더로즈빌) 🐾 [집합건물 철근콘크리트구조 57.09㎡] | | 317,000,000 76,112,000 (24%) | 경매4계 🔵 2023.10.12 유찰 4회 |

위와 같은 전략은 말 그대로 예시일 뿐입니다. 스스로 공부하고 실전에 임해보며 자신만의 전략을 세우고 수정하며 발전시켜가길 바랍니다. 또한 경매 자체의 과정에 함몰되지 말고 입지분석과 임장이 중요하다는 사실을 항상 생각하며 임장을 하면 좋은 결과를 얻을 수 있습니다.

# 8-2
# 재개발·재건축

## 최고의 레버리지 활용방법

　입지 좋은 위치의 새 아파트는 누구나 선호하는 집입니다. 때문에 시장경제에 의해 자연스레 가격이 치솟습니다. 그런데 이런 새 아파트를 온전히 돈으로만 구입하는 것이 아니라 '돈+시간'으로 살 수 있다는 사실을 알고 계신가요? 바로 재개발, 재건축입니다.

| 구분 | 재개발 | 재건축 |
|---|---|---|
| 충족요건 | 노후도, 접도율 | 안전진단 |
| 세입자 대책 | 세입자 주거이전비<br>상가 영업보상비 | 없음 |
| 조합원 자격 | 구역 내 토지 또는 건축물<br>소유자 및 지상권자<br>(조합설립 동의에<br>상관없이 자격부여) | 구역 내 건축물 및<br>부속토지를 동시에 소유한 자<br>(조합설립에 동의한 자만<br>자격부여) |

| 구분 | 재개발 | 재건축 |
|---|---|---|
| 조합설립<br>동의율 | 토지 등 소유자 3/4 이상 &<br>토지 면적의 1/2 이상 동의 | 토지 등 소유자 3/4 이상 &<br>동별 구분소유자 1/2 이상 &<br>토지면적의 3/4 이상 동의 |
| 안전진단 | 필요 없음 | 필요함(단, 단독주택<br>재건축은 제외) |
| 조합원<br>지위양도 금지<br>(투기과열지구) | 관리처분인가 이후 | 조합설립 이후 |
| 현금청산 | 토지수용 | 매도청구 |
| 초과이익 환수제<br>(개발이익 부담금) | 없음 | 있음 |

재개발·재건축은 낡은 집을 부수고 새집을 만드는 작업입니다. 보통 층수를 더 높게 짓기 때문에 더 큰 부가가치를 창출합니다. 즉, 시간이 흐를수록 새집이 되어가는 시간의 마법입니다.

자동차와 같은 물건들은 시간이 지날수록 가치가 떨어지는데 입지가 좋은 오래된 건물은 시간이 지나면 지날수록 그 가치가 높아집니다. 재건축·재개발은 상대적으로 적은 돈을 투자할 수 있다는 매력이 있습니다.

조합원 대상의 분양가는 통상 일반 분양가의 70-80% 선에서 결정됩니다. 조합원 분담금 상당 부분을 입주 시 잔금으로 대체해주고 있습니다. 다. 이주비 무이자 등 다양한 혜택이 있습니다.

옆집보다 잘 사는 부동산 투자비밀

다음은 재개발과 재건축의 주요 단계를 나타내는 그림입니다.

재개발 · 재건축의 장점은 구축 빌라나 아파트를 상대적으로 싸게 구입해서 분양가 차액을 내면 새 아파트로 받을 수 있다는 것입니다. 이렇게 조합원이 되면 새 아파트 중에서도 로얄동 · 로얄층(일명 RR)으로 배정이 가능하며 대부분 옵션이 무상으로 지급되는 경우가 많습니다.

물론 단점이 있는데요. 시간이 오래 걸리고 사업 초기에 들어갈수록 돈은 적게 드는 대신 불확실성이 높습니다.

## 정비사업의 본질을 이해하자

투자의 본질은 수익을 거두는 것이라고 할 수 있습니다. 그렇다면 어떻게 해야 돈을 남길 수 있을까요? 재개발 · 재건축에 관해 다음과 같이 두 가지를 이야기할 수 있습니다.

## ○ 첫째, 사업성이 좋은 물건

돈이 될 만한 물건을 골라야 합니다. 재개발·재건축은 결국 기존 집을 부수고 더 높이 지어 많은 집을 만드는 사업입니다. 즉, (일반적으로) 내 집의 용적률을 주고 용적률을 채워 새집으로 바꾸는 과정입니다. 때문에 어떤 집을 고르느냐에 따라 이윤을 많이 남길 수도 있고 그렇지 않을 수도 있습니다. 그렇다면 어떤 집을 골라야 할까요?

조합원을 대상으로 하는 조합원 분양분보다 일반 분양분이 많은 곳인지 체크해야 합니다. 즉, 기존의 낡은 집을 부수고 새집을 많이 지을 수 있는 곳인지(용적률)를 알아야 합니다. 따라서 같은 조건이라면 대지지분이 클수록 유리합니다.


## ○ 둘째, 사업의 위험성을 파악해야 합니다

재건축, 재개발은 큰 수익을 안겨주기도 하지만 그만큼 위험 요소도 많은 재테크입니다. 반드시 사전에 어떤 위험 요소가 있는지를 살펴보아야 합니다. 대표적으로 아래와 같은 것들을 살펴보아야 합니다.


### 가. 조합장의 개인적인 역량과 자질

곗돈 들고 도망간 계주의 이야기가 남 이야기가 아닙니다. 말 그대로 계주가 돈 들고 튀면 끽!!!

반드시 조합장이 믿을 만한 사람인지 등의 개인 능력과 자질에 대해 알아보도록 해야겠습니다. 꼭 재개발, 재건축 조합사무실에서 조합장을 만나보시고 사람 됨됨이에 대해 한 번쯤 검증하시기 바랍니다.


### 나. 다양한 이해관계의 확인

예로부터 뱃사공이 많으면 배가 산으로 간단 속담이 있습니다. 해당 구역 내에 평형이 다양하고 교회, 상가 등 상황이 조합원이 많을수록 의견 합치가 어렵고 이는 추후 사업 속도를 늦추는 원인이 되기도 합니다. 특히 이런 조합원들의 성향이 강한지 여부를 확인하는 것도 중요하겠습니다. 조합원 성향은 인근 부동산 등 관계자를 통해 알아보는 방법이 있습니다.

### 다. 과도한 분담금

재건축·재개발 과정에서 분담금이 많으면 당장의 금전적인 부담으로 사업 자체가 멈추는 경우도 있습니다. 분담금이 어느 정도 나올지를 알아보고 들어가시는 것이 현명하겠습니다.

대표적으로 위의 세 가지 정도를 살펴보았는데요. 이밖에도 다양한 문제가 발생할 수 있으니 최대한 어떤 것이 문제가 될 수 있는지를 파악하시길 바랍니다.

## 감정평가의 핵심

이해를 돕기 위해 다음과 같은 예시를 들어보겠습니다.

출출한 저녁, 민정 씨는 라면이 먹고 싶어졌습니다. 남편에게 라면 하나만 사달라고 부탁합니다. 집에 놀러 온 남동생에게 물을 올려달라 부탁했습니다. 이윽고 라면이 맛있게 익었습니다. 온 집안에 맛있는 라면 냄새가 솔솔 풍깁니다.

먹지 않겠다던 두 남자. 라면 냄새에 "한입 만!" 이러고 있습니다. 남편은 자신이 라면을 사 왔으니 한 입 먹을 권리가 있다고 주장하고 남동

생은 자신이 물을 올려놨으니 자신이 한 입 먹을 수 있다고 주장합니다. 그렇게 세 사람은 라면 앞에서 자신의 공이 더 크다며 싸우기 시작했습니다.

바로 이렇게 문제가 발생하였을 때 어떻게 나누어야 할지 고민하는 과정이 감정평가입니다.

각자 입장과 이해관계가 다르기 때문에 이런 분쟁은 쉽게 일어나기 마련입니다. 재개발·재건축사업 역시 각자의 입장 차이가 존재하기 때문에 이런 문제를 원만히 해결하고자 기존의 재산에 대해 '감정평가'라는 과정을 거치게 됩니다. 누가 라면을 더 많이 가져갈지, 따져보기에 앞서 재건축, 재개발의 기본이 되는 주거 및 도시환경정비법에 대해 알아보도록 하겠습니다.

> 제1조(목적) 이 법은 도시기능의 회복이 필요하거나 주거환경이 불량한 지역을 계획적으로 정비하고 노후·불량건축물을 효율적으로 개량하기 위하여 필요한 사항을 규정함으로써 도시환경을 개선하고 주거생활의 질을 높이는 데 이바지함을 목적으로 한다.

정비사업은 주거환경개선사업/재개발사업/재건축사업으로 나눌 수 있습니다.

이런 정비사업은 일정 과정을 거쳐 사업이 진행됩니다.

재개발, 재건축은 자신의 기존 집을 부수고 새집을 만드는 작업입니다. 이때 보통 용적률을 높여 더 높은 층수로 집을 짓기 때문에 더 많은 부가가치를 창출할 수 있습니다. 그렇다면 내가 나의 헌 집을 주고 새집을 받는데 기존 자산의 가치를 산정하는 것이 바로 감정평가라 할 수 있습니다.

감정평가는 '감정평가 및 감정평가사에 관한 법률' 및 '감정평가에 관한 규칙', '감정평가실무기준(국토교통부)'에 따라 이루어집니다.

감정평가란 토지 등의 경제적 가치를 판정하여 그 결과를 가액으로 표시하는 것을 말합니다. 진품명품을 생각하시면 되겠습니다. 이 감정평가를 잘 받는 것이 결국 많은 이익을 남기는 일입니다. 그렇다면 어떤 물건을 골라야 할까요?

바로 일반 분양분이 많고 대지지분이 크며 상대적으로 감정평가를 잘받을 수 있는 물건을 선택해야겠습니다. 재건축, 재개발 투자자라면 내가 산 금액이 아니라 감정평가 금액을 염두에 두어야 합니다.

감정평가(종후자산 감정평가)는 사업시행인가 이후에 이루어집니다. 즉, 건축심의가 끝나고 구청허가를 받은 후에 하게 됩니다. 그럼 왜 하필 이 시점에 이루어지는 걸까요?? 바로 전반적인 금액을 평가할 수 있는 시점이기 때문입니다.

완성된 라면에서 '민정씨가 남편이나 남동생보다 많이 먹을 수 있느냐'라는 건 서로의 비율에 관한 문제이지 절대적인 숫자가 높은 것이 중요한 게 아닙니다. 어차피 라면의 양은 정해져 있기 때문입니다.

이와 관련해 두 가지 예시를 말씀드리겠습니다.

### (1) 회사가 달라도 큰 차이 없는 감정평가 금액

예를 들어 한남 ○○구역 같은 구역은 4,200세대를 두 곳의 감정평가회사가 감정평가에 참여했습니다. 그런데 감정평가 총액은 각각 6조

4,053억과 6조 3,279억 원으로 알려졌습니다. 즉 감정평가 총액의 차이가 1% 미만으로 나왔습니다. 이는 감정평가 금액이 절대금액이 아님을 시사해줍니다.

### (2) 시간이 흘러도 감정평가 금액은 그대로

인천시청역 근방에 위치한 ○○마을 재개발사업은 2003년에 사업시행인가를 받고 당시 감정평가를 했는데 내부 사정으로 인해 사업이 상당 기간 미뤄졌습니다. 그런데 수년 전에 사업이 재개되었습니다. 약 20년 전에 감정평가를 받았음에도 다시 최근 가격으로 감정평가를 한 것이 아니라 20년 전 가격으로 감정평가를 마무리 짓고 사업을 재개했습니다.

감정평가가 절대평가라면 당연히 사업이 재개되는 시점에서 다시 감정평가를 진행해야 하겠지만 어차피 이 감정평가라는 것이 내부적으로 누가 더 많이 가져가느냐에 따른 줄 세우기이기 때문에 다시 감정평가를 진행하지 않고 그대로 이전 감정평가로 진행했습니다.

이런 비밀을 알았다면 어떤 물건에 투자해야 할까요?

바로 매도호가는 낮으면서 감정평가는 높게 받을 수 있는 물건이 좋습니다. 이런 물건을 고르는 실력을 갖춘다면 이미 정비사업 성공의 절반을 이룬 셈입니다. 예를 들면 상대적으로 시세가 싼 반지하에 투자하는 것도 한 가지 방법이 되겠습니다. 어차피 대지지분은 똑같은데 상대적으로 싼 금액으로 매입할 수 있기 때문입니다.

옆집보다 잘 사는 부동산 투자비밀

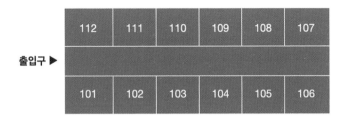

| | | | | | |
|---|---|---|---|---|---|
| 112 | 111 | 110 | 109 | 108 | 107 |

출입구 ▶

| | | | | | |
|---|---|---|---|---|---|
| 101 | 102 | 103 | 104 | 105 | 106 |

또는 위의 그림처럼 상가가 호실 배치가 되어 있을 때 가장 안쪽에 위치한 106호나 107호 상가를 사는 것도 한 가지 방법입니다. 그 이유는 출입구 맨 앞의 상가는 가장 비싼 만큼 감정평가도 비싸게 나옵니다. 두 번째 상가 역시 두 번째로 비싸고 감정평가도 다음으로 잘 나오지요. 하지만 나머지의 경우 감정평가 금액이 비슷하게 나오는 편입니다. 그렇다면 상대적으로 매입 가격이 싼 가장 안쪽의 상가를 매입하는 것도 하나의 방법이 됩니다.

물론 이와 같은 판단은 해당 물건이나 건물의 배치 등에 따라 다를 수 있습니다. 중요한 것은 현장을 직접 방문하여 내가 매입하고자 하는 물건의 상대적인 위치와 가격 등을 살펴보고 이왕이면 감정평가가 잘 나올 물건을 싸게 사는 것이 핵심입니다.

## 임장노하우와 매매전략

### ○ 임장 전에

재개발·재건축 임장은 관련 용어를 미리 알고 있어야 합니다. 그렇지 않으면 중개사 사무실이나 조합사무실을 방문했을 때 대화 내용을 알아들을 수 없고 좋은 물건을 찾을 수 없습니다.

먼저 일반 임장과 같은 사는 물론이고 해당 사업 구역에 대한 사업 진행 단계, 조합원 수, 일반 분양 세대수, 평균대지지분 등에 대한 정보를 파악하고 하는 것이 좋습니다.

사업 구역을 검색해보면 그 지역에 대한 블로그를 운영하는 중개사님들이 자세한 설명을 해주고 현재 나와 있는 매물 리스트도 게시되어 있습니다. 유튜브에서 찾아보면 잘 정리된 자료와 중개사님께서 직접 재개발 구역을 운전하며 찍은 동영상을 보여주며 자세하게 설명해줍니다. 이 영상을 여러 번 보고 가면 중개소에 갔을 때 질문 거리가 많아지고 중개사님의 추천 물건이 진짜 좋은 물건인지 아닌지 판단도 쉽게 할 수 있습니다.

○ 임장노하우

시간이 돈이라는 말이 있습니다. 재개발 · 재건축사업은 사업 진행 속도가 중요하기 때문에 해당 구역에서 일어날 수 있는 다양한 사업 리스크를 먼저 살펴봐야 합니다. 먼저 조합장이나 추진위원장의 역량을 알아보는 것이 필요합니다.

또한 사업시행의 주체인 조합은 다양한 물건을 보유한 조합원으로 구성되어 있기 때문에 각자의 투자이익 역시 다를 수밖에 없습니다. 따라서 사업방식과 절차에 대하여 의견이 첨예하게 대립될 수 있습니다. 때로는 조합(추진위)에 반대하는 비상대책위원외(비대위)의 활동이 왕성하여 사사건건 분쟁이 생기는 구역도 있습니다.

예를 들어 상가와 갈등이 있는 경우가 있고 교회와 갈등이 있는 경우도 있습니다. 또한 아파트 평형대가 다양한 경우 이들 안에서 갈등이 있을 수도 있고 어느 한 동이 전망(뷰)이 좋은 경우(한강 변 아파트)의 경우 동

끼리의 갈등이 있을 수 있습니다.

때문에 해당 구역에 어떤 문제가 발생할지를 꼼꼼하게 관찰하고 분석해야 합니다. 재개발의 경우 단독주택과 빌라 비율을 살피는 것 역시 중요합니다. 재개발에 있어 단독주택이 중심이 되는지, 빌라가 중심이 되는 지역인지 파악한 후에 접근하여야 합니다.

사업성이 아무리 좋은 단지라고 해도 재개발·재건축이 진행되지 않고 멈춰있으면 돈이 묶이는 불상사가 벌어집니다. 그러니 임장 시에 이러한 갈등 요인을 미리 알아보는 것이 중요합니다. 해당 구역 내 부동산만 찾아가지 말고 인근 지역의 부동산도 찾아가 관심 구역의 제반 상황을 서로 교차확인 하는 것이 필요한 경우도 있습니다.

○ 매매전략

**첫째, 선택 가능성이 많을수록 좋다.**

재건축·재개발을 이야기하면 단독주택이나 빌라, 아파트와 같은 주거지를 생각하는 경우가 많습니다. 하지만 상가, 대지 등을 매수하는 것도 방법이 될 수 있습니다.

상가를 사는 경우도 몇 가지 조건만 충족한다면 아파트를 받을 수 있기 때문입니다. 특히 재건축의 경우 상가는 보통 아파트에 비해 층수가 낮습니다. 이는 곧 아파트 단지 내 상가를 더해 새로 아파트를 짓게 되면 더 많은 집을 지을 수 있음을 의미합니다.

상가를 포함하여 재건축하게 될 때, 상가 소유자가 신축 아파트를 공급받을 수 있는 내용을 조합 정관에 반영한다면 상가 소유자도 아파트를 제공받을 수 있습니다.

다만 재개발 상가의 경우 지분이 너무 적을 경우 아파트로 받지 못하게 되는 경우도 있을 수 있으니 유의하셔야 합니다.

### 둘째, 감정평가금액과 실제 사는 금액 차이가 적은 물건

이왕이면 다홍치마라는 말이 있습니다. 살 거면 조금 좋은 조건의 부동산을 사고 싶은 마음이 듭니다. 하지만 투자가 목적이라면 싸게 사는 것이 중요합니다. 재개발을 노리고 물건을 구매한다면 해당 건물에서 가장 싼 반지하를 매수하는 것도 한 방법입니다. 어차피 대지지분은 똑같기 때문입니다.

### 셋째, 타이밍

실거주 목적이 아니라면 살 때부터 팔 때를 생각해야 합니다. 즉 출구 전략을 생각해야 한다는 말입니다. 여기가 외지인이 많은 지역인지 확인하는 것이 좋은데 외지인이 많다는 것은 그만큼 투자자가 많다는 의미이기 때문에 사업이 순항할 가능성이 높습니다.

실거주자가 많은 지역이거나 아파트인데 그중 노인의 비율이 높다면 이주시에 문제가 있을 수 있습니다. 대체로 노인들의 경우 재개발, 재건축을 원하지 않는 사람들이 많기 때문입니다. 때문에 재건축, 재개발에서 동의서를 받기 어려울 수도 있습니다. 외지인 파악은 사업인가 고시 별첨에 소유자 주소로 알 수 있습니다. 해당 지역 구청 홈페이지에서 확인 가능합니다.

그렇다면 언제 투자를 해야 가장 좋을까요? 사업시행인가 이후 또는 감정평가 전, 후를 추천합니다. 너무 일찍 투자를 하게 되면 자칫 언제될지 모르는 재개발, 재건축을 하염없이 기다리느라 돈이 묶여 버릴 수 있습니다. 사업시행인가 이후도 많은 시일이 소요될 수 있으나 사업이 진행 단계로 접어들어 위험이 어느 정도 해소되었다고 볼 수 있습니다.

이외 감정평가 전후를 추천한 이유는 감정평가 전에는 불안 매물이 나올 수 있고 감정평가 후에는 불만 매물이 나올 수 있기 때문입니다. 감정평가 전에는 내 집이 제대로 평가를 받지 못할 것 같으니 어서 팔고 떠나고 싶어 하는 사람들이 있고 감정평가 후에는 생각보다 감정평가 금액이 높지 않아 그냥 팔고 다른 곳으로 이주하려는 수요가 나오기 마련입니다. 보통 감정평가는 시세보다 가격이 낮은데 그 이유는 현금청산을 감정평가대로 하고 둘째로는 세금 등 여러 가지 사정으로 고려하기 때문입니다.

# 청약

## ▌ 청약의 어제와 오늘

1963년 '공영주택법'에서 출발한 청약제도가 현재의 시스템으로 체계화된 것은 1977년에 '국민주택 우선공급에 관한 규칙'이 제정되면서입니다. 즉 **청약통장**에 의한 우선 분양권이 국민주택청약부금 가입자에게 주어진 것입니다.

2007년에는 실수요자 중심으로 주택을 공급하기 위해 무주택기간, 부양가족 수, 입주자저축 가입 기간을 점수화하여 높은 점수순으로 선정하는 **가점제**가 도입되었습니다. 또한 2009년에는 기존 청약저축, 청약부금, 청약예금으로 나누어져 있던 통장을 통합한 **주택통합저축**을 선보였습니다.

현재 청약에 관한 업무는 주로 한국부동산원에서 관리합니다. 입주자 자격, 공급 순위 등의 확인과 입주자저축 현황 · 실적 관리, 입주자모집 대행, 동 · 호수 배정, 당첨자 관리를 하고 있습니다.

또한 청약홈(www.applyhome.co.kr)을 통해 청약에 대해 많은 이들이 쉽게 접할 수 있도록 안내하고 있습니다. 청약일정, 신청과 발표, 청약에 대한 다양한 정보가 게시되고 있으니 한 번씩 들어가 보시면 도움이 됩니다. 또는 한국부동산원에서 발간한 '청약의 모든 것'을 읽어보는 것도 추천드립니다.

## 청약 절차

### ○ 청약통장 만들기

부동산 신규 분양 시, 청약통장을 가진 사람을 대상으로 분양합니다. 무순위·잔여 세대 청약 접수 시에는 청약통장이 필요 없지만 청약통장이 있으면 이렇게 기회가 주어지는데 굳이 청약통장을 만들지 않고 무순위·잔여 세대를 기다릴 필요는 없겠죠? 그래서 첫 월급을 타면 사람들이 가장 먼저 하는 일 중 하나가 바로 주택청약종합저축 가입하기입니다.

주택청약종합저축은 누구든지 가입할 수 있으며 특히, 만 19세 이상 34세 이하의 청년이라면 일정 가입 요건을 충족한다면 청년우대형 주택청약종합저축 가입이 가능합니다.

○ 청약 알림 신청

매번 청약홈에서 청약일정을 일일이 확인하기가 번거롭다면 청약홈에서 관심 공고단지의 청약 알림을 문자메시지로 받아 볼 수 있습니다. 최대 10건까지 관심 지역과 관심 공고단지를 설정해 둘 수 있습니다. '청약일정 및 통계-청약알리미 신청'을 통해 가능합니다. 따로 가입절차 없이 간편하게 핸드폰 번호와 성명으로 신청 가능합니다.

○ 모집공고문 확인하기

모집공고문에서는 입주자 모집 공고일, 전매제한 및 거주 의무 요건 적용 여부, 재당첨 제한 등의 여부가 나와 있으니 청약신청 전에 꼼꼼히 확인해봐야 합니다.

이때 주택의 종류는 국민주택과 민영주택이 있습니다. 주택의 종류에 따라 청약자격, 입주자 선정방식, 재당첨 제한 등이 다르게 적용되므로 국민주택인지 민영주택인지 구분해야 합니다. 민영주택은 쉽게 말해 푸르지오, 자이, 현대산업개발과 같이 국가재원 없이 회사에서 재원을 조달하여 주택을 분양하는 민간 건설사를 이야기하고 국민주택은 LH와 같이 공공의 돈이 투입된 주택입니다.

## 청약, 왜 좋다고 하는 거지?

청약당첨은 쉽지 않습니다. 또한 복잡합니다. 공급방식도 일반공급, 우선공급, 특별공급 등으로 다양해서 '청약이나 노려볼까?' 하다가 '쉽지 않구나.' 하고 주저하게 됩니다. 그럼에도 불구하고 왜 청약을 알아야 할까요? 바로 상대적으로 싼 가격과 여러 이점 때문입니다.

먼저 우리나라에는 '**분양가 상한제**'라는 것이 있습니다. 즉, 일반 아파트를 고가에 매수하는 것보다 정부에서 제한하는 저렴한 분양가로 신축 아파트를 청약 · 당첨 받을 수 있습니다.

또한, 레버리지 효과를 톡톡히 누릴 수 있습니다. 즉 당장 계약금(분양가의 10-20%)만 있어도 신청이 가능합니다. 중도금의 경우 집단대출의 형태로 중도금 대출을 받을 수 있습니다.

## 유리하게 당첨되고 싶다면?

우선 청약에서 당첨자는 순위별(1순위, 2순위)로 진행됩니다. 청약 자리가 100자리인데 신청자가 60명이라면 1, 2순위 상관없이 모두 당첨이 됩니다.(물론 자격이 된다는 가정 하에서입니다) 하지만 인기가 좋은 경우라면 1순위에서 마감되기도 합니다. 이때는 2순위 모집은 진행하지 않고 1순위 안에서만 당첨자를 가려냅니다.

1순위 내에서도 경쟁이 있는 경우는 주택의 종류에 따라 당첨방법이 다릅니다. 국민주택은 순차별(무주택기간, 납입횟수, 납입총액 등 기준)로 민영주택은 평형별로 가점제와 추첨제 비율을 달리하는 방식으로 공급됩니다. 2순위는 추첨으로 진행됩니다.

민영주택은 가입기간(1개월 경과-2년 경과)과 예치금 기준(200-1,500만 원)에 따라 순위가 나뉩니다. 국민(공공)주택의 경우 가입 기간(1개월 경과-2년 경과)과 납입횟수(1-24회)에 따라 순위가 나뉩니다.

### ○ 청약 가점제
가점제란 말 그대로 해당 항목에서 가점을 부여하는 방식입니다. 다음의 세 가지로 구분하여 해당 점수를 합산하게 됩니다. 합산 최고점은 84점입니다.

- 무주택기간(최대 32점) : 1년 미만(2점)−15년 이상(32점)
- 부양가족수(최대 35점) : 0명(5점)−6명 이상 (35점)
- 저축가입기간(최대 17점) : 6개월 미만(1점)−15년 이상(17점)

## ○ '되고 보자' − 당첨 전략

좋은 집에 되는 것도 중요하지만 빨리 당첨되는 것도 중요합니다. 특히 점수가 높지 않을수록 전략을 잘 짜야 합니다. 오랜 시간이 걸린다는 것은 그사이 좋은 집을 구입할 수 있는 기회를 놓치고 있는 것일 수도 있습니다. 때문에 굳이 좋은 입지와 좋은 타입만을 고집하기보단 비인기 지역, 비인기 타입을 노려 빨리 당첨되는 것도 좋습니다.

청약 시 같은 단지라 하더라도 A타입, B타입, C타입 등 타입별로 신청할 수 있는데 보통 A타입이 가장 많은 수를 모집하면서 인기도 가장 많습니다. 그러나 중요한 것은 누가 많이 모집하느냐가 아니라 어디가 경쟁률이 낮을까입니다. 무조건 A타입에 도전하기보다는 상대적으로 경쟁률이 낮은 비인기 타입에 도전하는 것도 좋은 투자 전략이 될 수 있습니다.

## ○ '옵션선택' − 슬기롭게 하기

보통 당첨자가 발표되면 카톡이나 카페로 당첨자들이 모여 여러 가지 정보를 공유합니다. 이때 옵션(발코니 확장 등)에 대한 고민도 함께하는데 청약당첨의 기쁨에 이것저것 계약하지 마시고 본인에게 필요한 것을 확인하시고 꼼꼼히 계획을 세우시길 바랍니다.

특히 본인이 살 계획이 아니라 중간에 팔거나 전세를 줄 수도 있는 상황이라면 최대한 기본으로 선택하길 권합니다. 우선 보통 발코니 확장은

옆집보다 잘 사는 부동산 투자비밀

합니다. 서비스 면적으로 집을 넓게 쓸 수 있기 때문에 대다수가 선택하며 발코니 확장은 보통 청약계약과 동시에 이루어집니다.

# 8-4
# 도시계획과 도시기본계획

## ▍강남 개발에서 정비사업에 이르기까지

   1960-70년대, 서울 강북지역과 구도심은 급격한 인구증가로 홍역을 앓게 되었습니다. 이에 1970년에 발표한 남서울개발계획에 의해 과밀화되어가고 있는 구시가지의 인구를 강남으로 분산시키는 개발이 시작되었습니다. 이어 서초구와 송파구에도 대규모 아파트 단지들이 들어서면서 주거와 상업업무 시설 등의 도시기반 시설이 함께 발전을 이루었습니다.

   소위 강남3구의 발전과는 달리 강북지역과 구도심은 오히려 낙후되어 양극화가 심해지게 되었습니다. 그래서 발표된 것이 2000년대 초반의 뉴타운사업입니다.

   당시 뉴타운사업을 정리해보면 다음과 같습니다.

| 구분 | 지구 지정 | 지역 |
|------|-----------|------|
| 1차 | 2002년 10월 | 은평, 길음, 왕십리 |

옆집보다 잘 사는 부동산 투자비밀

| 구분 | 지구 지정 | 지역 |
|---|---|---|
| 2차 | 2003년 11월 | 아현, 한남, 노량진, 교남, 답십리, 중화, 미아, 가재울, 신정, 방화, 영등포, 천호 |
| 3차 | 2005년-2007년 | 이문·휘경, 장위, 상계, 수색·증산, 북아현, 시흥, 신길, 흑석, 신림, 거여·마천, 창신·숭인(2013년 해제) |

당시 뉴타운사업은 큰 기대를 받았으나, 부동산 가격이 상승하면서 사업성이 떨어져 개발이 중단되는 등의 부작용이 나타났다. 게다가 2008년의 글로벌 금융위기로 인해 부동산 시장이 위축되면서 위기를 맞게 됩니다. 2015년에는 사업추진이 어렵다고 판단되는 뉴타운구역이 해제되기도 하였다.

그 이후에 주거환경 개선을 위한 다양한 형태의 사업이 다음과 같이 진행되었습니다.

| 관련법 | 사업내용 |
|---|---|
| 도시 및 주거환경 정비법 | 주거환경 개선사업 |
| | 재개발사업 |
| | 재건축사업 |
| 빈집 및 소규모 주택 정비에 관한 특례법 | 빈집 정비사업 |
| | 자율주택 정비사업 |
| | 가로주택 정비사업 |
| | 소규모 재건축사업 |

# 용도지역제에서 고밀도 복합개발로 태세전환

도시 공간을 계획하고 발전시키는 기본 골격을 정하는 법정 최상위계획이 바로 도시기본계획입니다.

이는 1981년 '도시계획법'의 개정에 의해 법제화되고 '국토의 계획 및 이용에 관한 법률'에 근거하고 있습니다.

서울에는 '서울도시기본계획'으로 인천에서는 '인천도시기본계획'이 있습니다. 그간의 서울도시기본계획의 기조는 다음과 같습니다. (괄호 안은 수립연도)

---

- 2000 서울도시기본계획(1990) : 쾌적, 건강, 문화, 여유
- 2011 서울도시기본계획(1997) : 시민본위, 인간중심
- 2020 서울도시기본계획(2006) : 치유, 회복
- 2030 서울도시기본계획(2014) : 소통, 배려, 행복한 시민 도시
- 2040 서울도시기본계획(2022)[115] : 삶의 질, 도시 경쟁력

---

지난 2030기본계획이 '용도지역'에 중점을 두었다면 2040기본계획의 핵심은 **'고밀복합개발'**이라 할 수 있습니다. 그동안 토지의 활용을 **'용도지역제와 용적률'**이란 평면적 구분으로만 제한하지 않고 도시 경쟁력을 높이기 위해 용적률을 융통성이 관리하여 '고밀복합개발'이란 개념으로 태세전환 했습니다. 과거의 도시계획이 '도시재생'에 중점을 두었다면 2040기본계획에는 다음 7가지의 세부목표로 삶의 질을 높이는 방향으로 전환했습니다.

---

115  흔히 '2040서울플랜'이라 불립니다.

옆집보다 잘 사는 부동산 투자비밀

1. 보행일상권 조성
2 수변 중심 공간 재편
3. 기반시설 입체화
4. 미래성장거점, 중심지 혁신
5. 기술 발전에 선제적 대응, 미래교통 인프라 구축
6. 미래위기를 준비하는 탄소중립 안전도시 구축
7. 도시의 다양한 모습 구현, '도시계획 대전환

이 세부내용에서 제일 눈에 띄는 부분은 바로 다음과 같습니다.

보행일상권의 개념을 도입하여 **생활반경 안에서 'Live-Work-Play'가 가능**하도록 하여 수준 높은 도시생활 환경을 조성하는 것을 목표로 한다는 것입니다.

이를 위해 용도지구 또는 용도구역 관리의 유연화를 통해 용도, 밀도, 건축물 형태 등의 규제 완화를 추진하여 다기능 복합지역을 조성합니다. 즉 **'Beyond Zoning Seoul'**을 추진하여, **도시공간과 토지의 융복합적·효율적 활용**을 목표로 합니다.

또한, 기존의 일률적인 높이 규제가 아닌 지역의 다양한 특성을 반영하여 **통합적인 높이 관리를 도모**합니다.

이는 쉽게 말해 토지를 주거·상업·공업·녹지지역으로 구분하고 이에 따라 건축물 종류, 높이, 개발 밀도 등을 엄격히 규제하고 있는 경계를 허물고 주거·업무·녹지 등 복합 기능을 배치한다는 계획입니다. 가장 대표적인 것이 용산지역과 세운 지역이라 할 수 있습니다.

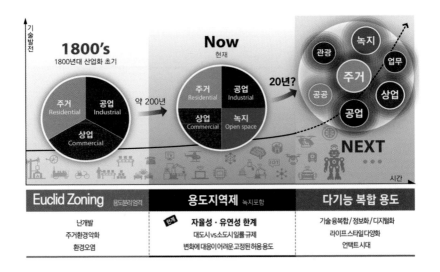

## 변화의 차이가 가치의 차이를 만든다

주식투자에 흔히 나오는 말이 "소문에 사서 뉴스에 팔라."라는 얘기가 있습니다. 즉, 좋은 주식을 쌀 때 사서 남들이 들어올 때 팔라는 얘기입니다. 부동산도 마찬가지입니다. 그럼 무엇이 좋은 주식이고 언제 팔아야 할까요?

좋은 물건이란 앞으로 변화가 많이 일어날 입지에 있는 변화가 많이 생길 부동산을 말합니다.

변화가 많이 일어날 입지를 찾는 것은 다음 두 가지 방법이 있습니다. 그 첫 번째가 교통망, 생활 인프라가 변할 곳입니다. 두 번째는 땅의 가치가 변할 곳입니다. 즉, 땅의 활용도가 높아질 곳을 찾으라는 얘깁니다. 그 답을 찾는 출발점이 바로 '도시기본계획'입니다.

그 연장 선상에서 있는 것이 각 행정당국의 개발 계획이나 정치인의 선거 공약 등이 있으며 관심 지역의 변화에 늘 민감하게 관찰하는 것입니다. 그러기 위해서는 임장방식도 남달리 민감해져야 합니다. 그저 유람하는 겉모습만 보는 것이 아니라 내부 변화가 어떻게 일어나는지 살펴야 합니다.

그래서 필자는 '도시기본계획'에서 시작하여 다음과 같은 각종 개발 플랜에 늘 관심을 갖습니다.

물론, 모든 계획들이 제시간에 계획대로 진행되는 것은 아닙니다. 반드시 현지 임장을 통해 꾸준하게 확인하고 실현 가능성과 변화의 가치를 판단해야 합니다.

- 2030 서울생활권계획
- 2023 서울도심기본계획
- 2030 서울준공업지역 종합발전계획

이외에도 각종 지구단위계획, 각 시·군·구청 개비 관련 고시자료, 정부(서울시) 조달청, 서울연구원, 인천연구원 자료 등을 늘 꾸준하게 살펴봅니다.

뜬구름 잡는 얘기 같아서 한 가지 예를 들겠습니다. '2030서울도시기본계획'과 '2030서울생활권계획'이 발표되자 제일 먼저 한 일이 어느 지역에서 변화의 차이가 크게 나타날지 찾는 것이었습니다. 그중에 한 곳만 예시를 들겠습니다.

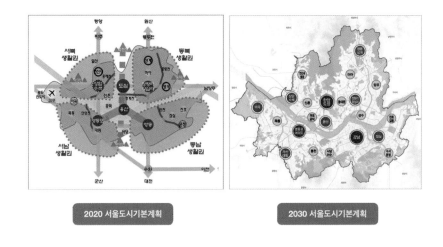

2020 서울도시기본계획          2030 서울도시기본계획

위 그림을 자세히 보면 '2020계획'에서는 '상계'라고 되었던 부분이 '2030기본계획'에서는 '창동–상계'라고 되어 있습니다. 전에는 없었던 '창동'이 추가되었습니다. 그럼 최근에 창동역 지역에서는 어떤 변화가 있는지 살펴보겠습니다. 서울 동북권의 핵심지역으로 발전시키겠다는 의지가 반영된 것입니다.

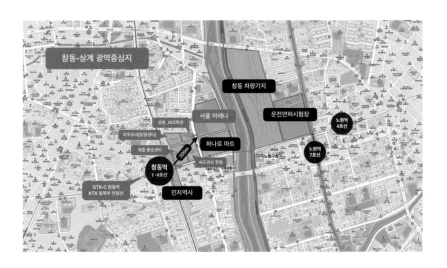

옆집보다 잘 사는 부동산 투자비밀

'창동-상계'일대에 몇 가지 호재만 나열해보면 다음과 같습니다.

- 창동역 : KTX 동북부 연장선과 GTX-C 노선 신설,
  기존의 지하철 1호선과 4호선
- 창동차량기지 및 운전면허시험장 이전
- 서울 아레나 건설
- 창동역 인근 다양한 인프라 구축 : 복합쇼핑몰, 씨드큐브 창동,
  창업센터, 각종 전시문화 공간
- 창동역 역세권 아파트 재건축
- 중랑천 일대 수변감성공간 및 보행교 신설

그런데, 이 상황을 앞서 설명한 '2030 서울준공업지역 종합발전계획'과 비교하면 또 다른 투자 포인트가 발견됩니다. 좀 더 자세한 내용을 직접 찾아보면서 임장하기를 바랍니다.

군이 남들도 다 아는 아파트만 고집할 필요가 없습니다. 다주택자에 대한 세금과 대출규제를 온몸으로 맞아가며 마치 전장에서 앞서가는 잔 다르크처럼 헤쳐나갈 필요가 없습니다.

## 이익은 팔아야 생긴다

변화가 많을 지역에 변화가 많을 물건을 사면 언제 팔지가 중요합니다. '뉴스에 팔라'는 얘기가 있다고 했습니다. 사는 것도 중요하지만 파는 것이 더 중요하고 어렵습니다. 이때 판단기준은 '팔 수 있을 때 팔아야 한다'는 것입니다. 물론 내가 매입한 물건이 더 오를 수 있지만, 남이

내 물건을 탐낼 때 팔아야 수익이 안전하게 자신의 것으로 됩니다. 미리 봐둔 다른 지역의 다른 물건을 사면 됩니다.

그래서 평소에 다양한 투자대상 지역을 꾸준하게 탐색하는 노력이 필요합니다. 단 한 번의 투자로 평생 먹고 남을 만큼의 대박으로 이어진다면 모르겠지만 그렇지 않다면 늘 꾸준하게 관심을 갖는 것이 중요합니다.

이때 자신의 투자 방향에 맞게 복수의 투자 대상 지역을 선정하여 지속적으로 관찰한다면 투자 타이밍은 반드시 옵니다. 서울 지역 안에 같은 종류의 호재가 있더라도 개발 시점과 상승 폭이 다르므로 투자 타이밍 또한 다를 수밖에 없습니다.

한 가지 추천하고 싶은 것은 '2040 서울도시기본계획'을 늘 옆에 두고 살펴보기를 바랍니다. 이 계획은 도시개발 방향을 체계적으로 정리한 법정계획으로서 한정된 토지를 효율적으로 활용하는 다양한 변화의 방향이 그려져 있습니다.

마치 시험에 출제될 '예상문제집'을 보듯이 미리 공부하면서 투자지역을 물색하고 임장을 통해 확인해가면 처음엔 다소 어렵고 고단하지만 좋은 곳이 하나둘씩 생겨나게 됩니다.

옆집보다 잘 사는 부동산 투자비밀

# 에필로그

● 스탠리
## 프로 투자자가 되자.

'빚투', '영끌', '갭투자', '풍선효과', '신고가', '벼락거지'….

지난 수년 동안 우리나라를 휘감았던 부동산 키워드였습니다. 자고 나면 오르는 집값으로 이 기회에 집을 못 사면 부의 사다리에 올라타지 못한다는 불안감에 아우성이었습니다. 아직도 그 여진은 주위를 맴돌면서 어디에 장단을 맞춰야 할지 갈피를 못 잡게 하고 있습니다.

소위 전문가들은 낯 뜨거운 논리로 대중을 호도했으며 어설픈 기자들은 맥락 없는 얘기만 뿜었습니다. 폭락장에 여기저기 돈이 묶이고 대출이자에 허덕거리자 심지어 '영끌오적(五賊)'이란 사자성어로 남 탓으로 돌렸습니다. 그러면서 또다시 여기저기를 기웃거리고 있습니다.

부동산 투자를 하면서 다양한 사람을 만나봤습니다. 열심히 정보를 얻고 분석하는 것은 좋은 일이지만 투자 결정을 하는데 남의 눈과 귀에 의존하는 경우를 자주 봅니다. 결국 판단과 결정은 본인이 해야 하는데 말입니다.

불안함이란 무지에서 옵니다. 수요와 공급이 만나는 지점에서 가격이 결정되는 경제 원리에서 출발하여 그 수요과 공급은 어떤 요인에 의해 영향을 받는지를 살펴보는 노력을 꾸준히 하면 시장의 작동원리가 이해되기 시작합니다.

소위 전문가 행세를 하며 온갖 선동질을 하는 역겨운 '꾼'들에게 농락된다면 이는 그 전문가를 탓하기 전에 자신의 게으름을 반성해야 합니다. '상승론자 vs 하락론자', 이렇게 편 가르기를 하는 것도 우습기만 합니다. 나와 다른 사람이라도 그 사람의 근거가 정확하고 해석이 합리적이라면 그 과정을 내 것으로 받아들이고 연결하여 자신만의 판단기준을 만들면 될 일입니다.

소위 '근거와 해석'의 타당성 분석은 내 몫이어야 합니다. 그래야만 프로다운 투자력이 생깁니다. 이 책에서는 부동산 시장에 영향을 주는 다양한 경제 요인들을 정리했으며 프로다운 투자 마인드를 정리하는 데 집중했습니다. 벌써 2024년 부동산 전망에 대한 다양한 전망들이 쏟아져 나오고 있습니다. 자신만의 안목과 투자 기준을 갖기를 바랍니다. 투자는 평생 즐겁게 해야 하니까요.

● 리치원

## 몰려다니지 말고 흐름을 읽고 안목을 넓히는 투자를 하자.

부동산 투자 시작을 경매를 배워 1년간 열심히 입찰했지만, 항상 2, 3

등만 해서 경매와 맞지 않나 싶어 고민이 많을 무렵 지금은 경매할 때가 아니고 급매를 잡아야 한다는 말을 듣게 되었고 운 좋게 짧은 기간에 경매, 분양권, 재개발, 재건축, 갭투자 등 다양한 경험을 했습니다.

지금 생각해보면 처음 시작했을 때 투자하기 좋은 시기였는데 "조금만 일찍 시작했으면 돈 많이 벌었을 텐데." 부동산을 가도 "며칠만 빨리 오지 왜 이제 왔냐."는 소리를 제일 많이 들었습니다. 그런 말을 들을 때마다 조바심이 났고 등기 친 숫자가 곧 투자실력이라는 말까지 있었습니다. 등기를 많이 가지고 있으면 경험 쌓기는 좋았겠지만, 수익률과 비례하지는 않습니다.

그동안 했던 투자들은 21년까지 많이 올라 흐뭇했지만 처음 겪어본 하락장은 매서웠고 저는 다행히 공격적인 투자를 하지 않아 큰 위험은 없었지만, 주위에서는 역전세, 대출이자를 감당하지 못하는 사람들이 늘어났습니다. 무언가 잘못됐구나 싶어 하나씩 되짚어보던 차에 스탠리님, 오집사님과 함께 스터디를 하게 되었고 의기투합하여 책도 같이 쓰게 되었습니다.

하락장을 통해 우르르 몰려다니며 귀동냥으로 하는 투자, 소위 전문가 내지는 기자 등의 무책임한 말을 검증 없이 하는 '묻지마 투자'가 얼마나 위험한지 다시 한번 느끼게 되었습니다. 조바심내지 말고 최소한의 투자 지식을 쌓기 위한 공부, 경제 전반 시야를 넓히며 지표를 어떻게 봐야 하는지, 항상 왜? 라는 질문을 하며 냉철하게 비교 · 분석하는 습관을 갖고 투자를 하면 시장 상황에 흔들림 없이 이기는 투자를 할 수 있다고 생각합니다.

임장과 부동산 공부에 힘을 실어준 남편과 어릴 때부터 엄마 손 없이 스스로 어린이였던 아들과 딸에게 고마움을 전합니다. 이번 책을 준비하며 머릿속에 흩어져 있던 생각들을 모을 수 있었고, 얕은 지식을 조금은 깊게 만든 것 같아 뿌듯했습니다. 함께 작업한 스탠리님과 오집사님에게도 감사의 마음을 전합니다.

● 오집사
# 민정 씨는 이제 막
# 공부를 시작했을 뿐입니다.

민정 씨는 어떻게 되었냐구요? 민정 씨의 결말은 정해져 있지 않습니다. 아직 첫걸음을 뗐을 뿐입니다. 이렇게 배운 내용을 그저 알아두는 정도에서 끝낸다면 민정 씨의 삶은 적어도 부동산에서만큼은 큰 변화가 있긴 어렵겠지요.

하지만 이렇게 알게 된 내용을 바탕으로 더욱 공부하고 도전까지 해보신다면 분명히 긍정적인 변화를 이룰 수 있을 것입니다. 꼭 부동산 투자가 아니더라도 독자 여러분들이 자신만의 이야기를 만들어 나가길 응원합니다.

감사합니다.

**옆집보다 잘 사는
부동산 투자 비밀**

초판 1쇄 발행  2023. 12. 8.

**지은이**  스탠리, 리치원, 오집사
**펴낸이**  김병호
**펴낸곳**  주식회사 바른북스

**편집진행**  박하연
**디자인**  양헌경

**등록**  2019년 4월 3일 제2019-000040호
**주소**  서울시 성동구 연무장5길 9-16, 301호 (성수동2가, 블루스톤타워)
**대표전화**  070-7857-9719 | **경영지원**  02-3409-9719 | **팩스**  070-7610-9820

•바른북스는 여러분의 다양한 아이디어와 원고 투고를 설레는 마음으로 기다리고 있습니다.

**이메일**  barunbooks21@naver.com | **원고투고**  barunbooks21@naver.com
**홈페이지**  www.barunbooks.com | **공식 블로그**  blog.naver.com/barunbooks7
**공식 포스트**  post.naver.com/barunbooks7 | **페이스북**  facebook.com/barunbooks7

ⓒ 스탠리, 리치원, 오집사, 2023
**ISBN** 979-11-93647-02-8 03320